화전과 매화차

14인 수필집

화전과 매화차

만인사

이 땅의 소박한 들꽃이 되어

책을 사랑하는 사람들, 그렇습니다. 고령주부독서회는 한마디로 책을 사랑하는, 아니 생활화하는 사람들의 모임입니다. 새로 나온 책이나 추천 도서, 고전을 읽으며 보낸 세월이 어느새 15년이나 되었습니다. 10년이면 강산도 변한다는데 거기에 다시 5년의 연륜을 보태고 보니 감회가 새롭기만 합니다.

책 속에 길이 있다고 했던가요. 책 속으로 난 길을 우리는 오래 걸어서 지금 이곳에 서 있습니다. 결코 짧지 않은 세월 속에서 회원들끼리 서로 껴안고 다독거리기도 하였고, 때론 사소한 의견 충돌로 미묘한 다툼이 있기도 했지만 우리를 하나로 묶고 오래 지탱시켜준 버팀목은 바로 책이었음을 고백합니다.

우리는 작은 모임입니다. 한 달에 한 번씩 일 년이면 열두 번의 만남입니다. 별소식 없는 듯 무심하게 살아도 마음 한 켠에서는 늘 그리움이 자리하고 있습니다. 한 해 한 해 기둥을 세우고 낡아서 허름한 지붕을 산뜻하게 새 단장하였습니다. 그것이 수필집 『화전과 매화차』입니다. 여기 담긴 열네 사람의 글들은 『가야의 향기』에 실렸던 것을 토대로 더러는 고치고, 또한 새로 여러 편을 보태어 꾸몄습니다. 여기에는 회원들이 일상에서 건져올린 소박한 삶의 모습이 고스란히 담겨 있다 하겠습니다.

생떽쥐베리는 "사랑하는 사람은 마주 보는 것이 아니라 한 곳을 바라본다"고 했다던가요. 회원들은 마주보는 것이 아니라 미래를 함께 바라보는 동지이며 사랑하는 사람들입니다. 우리는 비록 소읍(小邑)에 살지만 한 곳을 바라보며 우리가 발딛고 있는 땅의 소박한 들꽃이 되고자 합니다. 변함없이 당신을 사랑하듯 책을 사랑할 것입니다.

오늘이 있기까지 따스한 애정으로 지켜본 여러분들께 먼저 감사를 올립니다. 『화전과 매화차』가 나오기까지 힘써준 박진형 선생님, 표지와 본문 그림을 기꺼이 내어주신 이규목 화백님께 감사의 말씀을 올립니다.

차례

차례

김문숙

건란에 대하여

백장미

동짓날의 추억

엄마 아빠와 함께 살고 싶어요

유월의 농촌에서

건란에 대하여

몇 해 전 찌는 듯한 무더위가 기승을 부리던 8월 어느 날, 더위에 지친 나는 어디 가서 시원한 냉국수라도 먹을 요량으로 남편과 함께 읍내의 한 작은 음식점에 들렀다. 비좁은 홀 안의 식탁에 앉아서 주문한 국수를 기다리고 있는데 때마침 살짝 불어오는 한줄기 바람 속에 아주 진한 향기가 풍겨왔다. 코 끝을 찌르듯이 진한 향기에 이끌려 나도 모르게 사방을 둘러보니 카운터 옆 투박한 장식장 위에 난 한 분이 다소곳이 앉아 있었다.

처음 보는 난은 잎이 꼿꼿하고 강건하였다. 키가 큰 잎보다 더 높이 솟아 오른 꽃대에서 매우 강하고 진한 향기가 쉴새없이 뿜어져 나와 좁은 실내를 온통 향그럽게 채우고 있었다. 그 진한 향기에 나는 그만 매료되어 버렸다. 주인에게 이름을 물어보니 잘 모른다고 말하면서 일전에 선물로 받은 난이라고만 하였다.

나는 국수를 먹고 있으면서도 눈과 마음은 온통 그 난에게 빼앗겼다. 먹고 있는 국수맛이 어떠한지 전혀 가늠할 수 없을 만큼 그 향기는 내 영혼을 사로잡았다.

그렇게 강렬한 이미지로 다가왔던 난은 내 머리 속에 각인되어 버렸다. 그 날 이후 도서관과 서점을 오가며 난에 관한 글이나 책을 뒤적여 보았고, 난에 대하여 공부도 하였다.

이렇게 여러 달 애쓴 결과 그 난이 건란이란 것을 알았다. 원산지인 중국 복건성의 지명을 따 건란(建蘭)이라 이름을 붙였다. 무더운 한 여름에 꽃을 피운다.

그렇게 건란에 대해 알게 된 나는 건란을 무척 갖고 싶었다. 그렇다고 친분도 없는 음식점 주인에게 가서 몇 촉 얻는다는 것도 어려운 일. 애란가들과 대화도 나누어 보기도 하고 꽃집도 자주 드나들었다. 심지어 난 전시회는 물론 5일장이 서는 날이면 어김없이 좌판을 여는 꽃장수를 찾아가곤 하였다. 그러나 건란을 쉽게 구할 수가 없었다. 대도시 같으면 난 전문점에 가서 쉽게 구할 수 있었을 터인데 고령은 시골이어서 쉽지 않았다. 그렇게 나는 두어 해 아쉬움을 달래며 보냈다.

나는 언제나 그랬듯이 5일장이 서는 날은 어김없이 좌판의 꽃장수를 찾아가곤 한다. 그 날도 저녁 때가 되어 짬이나 단골집에 들러보니 건란이 있는 게 아닌가. 그토록 갖고 싶었던 난을 보는 순간 나는 마치 어린아이처럼 마냥 좋았다. 건란 몇 촉을 손에 들어 만져 보고는 그만 감회에 젖어 가슴 속에서 우러나오는 기쁨을 감출 수가 없었다. 여러 해 동안 얼마나 간절히 갖고 싶었던가. 호주머니 사정은 생각하지 않고 덜컥 샀다. 또한 건란에 어울리는 소박하고 날씬한 화분도 샀다. 이제 나와 새롭게 인연을 맺게 된 건란을 옮겨심기 위해서이다. 화분에 건란을 심으며 식물을 사랑하는 것은 비단 나뿐만이 아닐 것이라는 생각을 해본다. 그리고 많은 사람들이 난을 사랑하여 기르고, 또한 먹으로 난을 치며 즐기고 있다.

난을 아끼고 가꾸면서 곁에 두는 것은 난의 고상한 멋과 품격을 즐기고 감상하고자 함일 것이다. 사철 푸른 빛을 잃지 않는 난의 특성이나 잎의 우아한 곡선미, 향기나 잎 무늬, 화려한 꽃의 색상 등이 감상의 주 대상이 된다.

나는 진정한 동양란이라면 향기가 우선이라고 생각한다. 건란은 남성적이어서 꽃의 색상이 아름답지도 않고 잎의 우아한 자태도 찾아 볼 수 없지만 꽃이 피면 발산되는 난향은 다른 어떤 난 보다 강렬하다.

사람들은 저마다 취미나 취향이 다를 것이다. 난을 사랑하여 가꾸는 것은 아름다운 취향이라는 것을 건란을 보면서 생각해본다. 늘 바쁜 일상 속에서 스트레스에 찌들기 쉽고 또 상처받기 쉬운 감성을 언제나 푸르름을 잃지 않고 고상한 차원의 세계를 지닌 이난을 통하여 위안을 받는다고 하면 과언이라고 누가 나무랄 수 있을까?

백장미

오래 전, 우리집 마당가의 조그만 꽃밭에다 꽃의 여왕인 장미를 심게 되었다. 그때 깨끗하고 하얀 빛깔이 참으로 내 마음에 꼭 들던 흰줄장미도 한 그루 심어 두었다.

장미를 심은지 벌써 7,8년의 세월이 흘러 갔지만 그 옆에 번성한 등나무 때문인지 도무지 줄기가 담장 위로 뻗지 못하였다.

까만 기와가 얹혀 있는 정겨운 토담 위에 예쁘고 무성한 장미 울타리를 치고 싶었는데, 뜻밖에도 장미나무가 잘 자라 주지 않으니 무척 안타깝기만 하였다.

그렇다고 봄이면 화사한 보라빛 꽃으로, 여름이면 시원한 나무 그늘로 마당 한 켠을 장식해주고 있는 등나무를 매정스레 뽑아 버리지는 못할 일이었다.

이렇게 심을 때의 생각과는 전혀 다르게 장미나무를 원망한 적이 한두 번이 아니었다. 그래도 해마다 꽃이 피는 오뉴월(여기는 장미가 늦게 핀다) 토담가에 순백의 꽃봉오리들이 눈부시게 제

모습을 드러낼 때면, 나는 장미 고유의 품위있는 자태에 한동안 마음이 사로잡히곤 한다.

주방에서 식사준비로 온통 바쁘게 보내게 될 때도, 집안 구석 구석을 말끔하게 소제할 때도 눈길은 늘 마당을 오가며 틈만 나면 백장미를 쳐다보곤 한다. 그럴 때마다 순백의 장미꽃은 언제나 환한 얼굴로 화답해주는듯 하다.

귀엽고 사랑스런 그 품격높은 꽃송이들이 자신의 고상한 자태를 한껏 자랑하며 나를 향해 정다운 눈길을 보낼 때는, 나는 그만 하던 일을 모두 멈추고서 장미꽃 곁에 다가가지 않을 수가 없는 것이었다.

아직 망울져 있는 어린 꽃송이와 이제 막 꽃잎을 열기 시작하는 신선한 꽃봉오리, 벌써 활짝 만개해버린 꽃까지 무리지어 있는 잎사귀들 사이에서 함초롬히 피어있는 흰장미! 그 순백의 빛깔을 들여다 보고 있노라면, 여태까지 살아 오면서 어쩔 수 없이 내게 묻어버린 세상의 온갖 먼지와 일상의 잡다한 때들이 저 흰 빛깔로 말미암아 모두 씻겨나가고, 삶에 지쳐있던 피곤한 육신마저도 어느새 저 순수의 빛깔을 닮아 버리고 마는 것만 같다.

이 땅 위에 나와 같이 존재하는 그 무엇들이, 또다른 그 어떤 색깔들이 내 가슴 속에 이처럼 깨끗한 이미지로 파고들어와 이토록

강한 느낌을 일게 할 수 있을까? 바라보면 볼수록 내 영혼을 맑고 순수하게 정화시켜 주는 저 하얀 빛깔, 어쩌면 천상에서 이 세상을 다스리고 있을 그 위대한 조물주가 미약하기 짝이 없는 우리 인간들에게 특별하게 내려준 선물은 아니었을까? 저 하얀 빛깔이 교만과 이기와 탐욕으로 가득한 인간들의 가슴 속을 파고들어 똑같은 색깔로 동화돼 원초적인 그 순수한 인간으로 되돌아 가길 간절히 바라는 신의 의도가 저 색깔 밑바탕에 깔려 있는 것은 아니었을까?

나는 태양이 환히 내리비치는 밝은 대낮에 무성히 피어 있던 백장미를 볼 때보다, 밤이 되어 어둠이 짙게 내려앉았을 때 그 캄캄한 어둠 속에서도 다른 색깔의 꽃들처럼 어둠에 묻혀버리지 않고, 표표로히 제 빛깔을 잃지않던 백장미가 그 흰빛으로 하여금 더욱 고귀하게 느껴졌다. 마치 우리 인간들의 머리 속에 그늘처럼 숨어 있는 수많은 욕망중에서, 그래도 언제나 자신을 일깨워주고 자신을 바르게 다스려주던 그 마지막 보루, 우리들 가슴 속에 그 누구라도 다 하나씩 가지고 있는 저 하얀 색깔의 양심처럼!

이렇게 흰장미나무 앞에 서서 송이마다 이슬을 머금으며 맑은 웃음을 짓고 있는 저 백장미에게 나의 이런 느낌들을 부여했을 때, 그 꽃이 나에게 되돌려주는 의미는 참으로 컸다. 단순한 꽃만의 이미지를 떠나서, 내 여린 가슴에 백장미와 같은 그 깨끗한 상징 하나를 심어두고 있다는 것도 살아 가는데 많은 도움을 주고 있었다. 비록 토담가만 맴도는 키작은 나무이지만.

동짓날의 추억

흰 눈이 싸락싸락 내리고 거리마다 동장군이 거세게 휘몰아치는 추운 겨울, 그 한가운데 따끈따끈한 붉은 팥죽을 끓여 먹는 동짓날이 있어서 참으로 즐겁게 생각되던 어린 시절이 있었다.

동짓날이 되면 친정어머니는 부엌 아궁이의 커다란 솥에다 팥죽을 한 솥 가득히 끓이셨다. 형제가 일곱남매가 되었던 우리 집은 어떤 음식을 만들어도 푸짐해야만 했다. 그때는 겨울 날씨가 매우 혹독하여 두터운 얼음이 꽁꽁 얼어있는 한파 속에도 불구하고 옛 한옥의 그 썰렁한 부엌에서 어머니는 어린 우리들을 위해 팥죽을 끓이시느라 부엌에서 안방으로, 또 안방에서 마루로 하루 종일 분주하셨다.

전 날 밤에 담가놓아 잘 불려진 찹쌀을 떡방앗간에 가서 가루로 만든 뒤 그것을 끓인 물을 붓고 익반죽을 잘한 다음 안방에서 어린 우리들과 옹시미를 만드셨다. 흔히 새알이라고 부르는 이것을 "자, 누가 잘 만드는지 한번 보자. 곱게 빚는 사람은 솜씨도 좋고 야무지고 공부도 잘 한다더라." 하시면 우리 남매들은 밥상에 옹기종기 모여 앉아 새알을 만들기 시작하였다. 맏딸인 나는 좀 더 예쁜 모양으로 빚어 보려 노력했다. 그러다가 그 조그만 새알이 제대로 잘 나오지 않아서 애를 태우면 어머니는 빙그레 웃으시며 동그랗게 빚는 법을 가르쳐 주곤 하셨다. 또 장난꾸러기 남동생들은 일부러 못나게 빚기도 하고, 저희들이 좋아하는 동물 형상을 만들어 놓고는 "이것은 나중에 내 그릇에 넣어주세요."라고 어머니에게 말하곤 하였다.

식구들이 모여 넓적한 두레판과 큰 쟁반에 새알을 그득히 다 만들고 나면, 언제 솥에 앉쳤는지 어머니는 부엌에 가셔서 소쿠리에다가 잘 삶아진 팥을 거르기 시작하셨고, 거른 팥물을 솥에다 붓고 씻은 멥쌀을 조금 넣은 뒤 본격적으로 죽을 쑤기 시작하였다.

씀씀이가 크셨던 어머니는 커다란 밥주걱으로 죽이 다 될 때까지 팥 앙금이 솥 밑바닥에 눌러붙을까봐 부지런히 저어가며 만드셨는데 팥죽의 양이 많았다. 솥이 커 쑤기가 쉽지 않았을 것인데도 불편한 말씀 한마디 않으시며 조금이라도 더 만들어서 우리들을 배불리 먹이려 하셨던 것 같다. 새알을 다 만들어준 우리들도 어느덧 출출해진 배를 참아가며 "엄마 다 되어가요?"라며 묻기도 하고 부엌을 들락거리면서 팥죽이 되기를 기다렸다.

이윽고 팥죽이 끓기 시작하고 또 쌀이 알맞게 퍼져갈 때 먹음직스런 새알을 모두 넣는다. 그 새알이 전부 익어서 동동 떠오르면 어머니는 한 그릇 먼저 떠서 성주께 드리고, 또 집안 곳곳에 뿌린 뒤 국그릇에다가 식구들마다 가득 떠주시면서 "새알을 제 나이 숫자에다 한 개 더 얹어서 꼭 다 먹어야 한다. 그래야 한 살을 더 먹고 내년 한 해도 건강하게 잘 크고 공부도 더 잘 할 수 있다."고 하셨다. 새알을 다 챙겨 먹어야 한다는 엄한 말씀에 어린 우리들은 정말 그래야 하는가 보다, 또 설날도 아닌데 왜 한 살을 더 먹는지 이해할 수 없었지만 새알을 다 건져 먹고 그릇에 가득 담겨 있는 팥죽을 남김없이 다 비웠다.

밖에서는 얼음이 꽁꽁 얼어 있고 매운 칼바람이 쌩쌩 불어대는데 동짓날 저녁 방안에 온 식구가 모여 앉아 하얀 김이 훌훌 오르는 그 뜨거운 팥죽을 한술 떠서 호호 불어가며 먹는 맛이란 지금 떠올려도 감미롭고 행복했었다.

담백한 팥의 고소함과 찹쌀과 멥쌀의 조화로 팥죽의 걸죽한 맛은 일품이었다. 요즘처럼 단맛이 쳐진 식품들이 많이 나오지 않을 때여서 비싼 고급과자 보다도 맛이 있었고, 그즈음 많이 먹던 찐빵과 만두보다 내게는 더 풍미를 주는 음식이었다. 그때는 일 년의 끄트머리에 있던 동짓날 저녁에 팥죽을 해먹는 것은 연례 행사였고 꼭 먹어야하는 음식으로 인식하며 자랐다.

동지는 태양력에 의해 일 년 동안 변화하는 자연을 24등분한 22절기에 속하며 태양이 지구의 가장 남쪽인 남회귀선까지 내려갔다가 이날을 기점으로 다시 북회귀선으로 올라오므로 밤이 가장 길고 낮이 가장 짧다. 그리고 이 때부터 밤이 짧아지기 시작하고 낮이 길어지는데 중국 주(周)나라에서는 태양이 다시 부활하여 생명력을 갖는다고 하여 동지를 진정한 설로 정했다는 기록이 전할 만큼 옛사람들은 이날을 신성하게 생각했다고 한다.

동지 팥죽에 대한 유래는 여러 설이 있지만 중국의 고서인 『형초세시기(荊楚歲時記)』에 기록되어 전하기를 공공씨의 아들이 동짓날에 죽어서 천연두를 퍼뜨리는 역질 귀신이 되었는데 그 아들이 생전에 붉은 팥을 매우 싫어했으므로 동짓날 저녁에 팥죽을 끓여 대문과 집안 곳곳에 뿌리자 귀신이 물러나고 돌림병이 사라졌다고 한다. 그 이후 동짓날에는 팥죽을 해먹었다고 하는데 우리 조상들이 중국의 문화를 많이 따랐으므로 우리나라에도 그대로 전해져서 우리풍습으로 내려오는 것 같다.

실제로 팥은 해독작용이 있어 몸에도 좋고 따뜻한 성질이 내재하므로 전통적인 음양 사상에 의해 음을 뜻하는 어둡고 긴 추운 동짓날 밤, 밝고 따뜻함의 양을 상징하는 붉은 팥죽을 해먹음으로

서 집안의 나쁜 기운과 잡귀를 물리치고 겨울의 건강과 다가오는 새해의 복을 기원한 옛 사람들의 슬기로움은 오늘날에도 버릴 수는 없다고 여겨진다.

이제 세월이 많이 흘러 어머니가 된 내가 아이들을 위해서 전통 방식대로 팥죽을 끓여 먹어보라고 권하지만 아이들은 팥죽을 잘 먹으려 하지 않는다. 예전에 친정어머니가 팥죽을 왜 먹어야 하는지 그 이유를 누누이 설명해 주셨던 것처럼 나 역시 나쁜 기운을 쫓고 건강을 위해서 꼭 먹어야 한다며 열심히 설명해 보지만 몇 숟가락 뜨고는 시큰둥하게 "엄마 맛이 없어. 그냥 먹기 싫어."하면서 숟가락을 놓아 버린다. 지금은 시대도 풍요로워졌고 더불어 먹거리도 풍부해져 피자나 햄버거, 또 여러 조미료를 친 식품들에 입맛이 길들여진 우리 아이들은 엄마가 팥죽을 먹어 보라고 자꾸 권하는 것을 고역으로 생각하는 것 같다. 입맛도 시대에 따라 변해가는지 나에게는 오로지 정겨운 이 음식을 내 아이들이 좋아하지 않으니 못내 아쉬운 생각이 든다.

지금도 동지 때가 되면 친정어머님이 추운 날 힘들게 끓여주시던 그 정성과 사랑이 그 느낌 그대로 전해오는 것만 같은데 동지 팥죽을 잘 먹으려 하지 않는 내 아이들은 훗날 이 동지를 어떤 모습으로 추억하게 될까. 어릴 때 동지에는 집집이 다 팥죽을 해먹었고 또 담 너머 이웃에게도 나누었다. 그러나 주부들도 맞벌이나 사회 참여 등으로 생활이 바쁘게만 돌아가는 요즘은 동지의 풍습이 점점 희미해지고 사라져 간다는 안타까운 느낌이 든다. 또 다양한 먹거리와 많은 종류의 식품들이 마트나 가게에 넘쳐나고 있으니 먹는 것에 아쉬움이 없는 요즘 사람들이 팥죽을 달가와 여기지 않는 것도 이해가 되지만 그래도 옛사람들이 만들어놓은 이 풍습은 우리들에게 합당한 여러 이유가 있었던 것이다.

동지의 풍습은 오랜 세월 동안 우리 조상들이 지켜 온 더없이 아름다운 명절이었으며, 나에게도 그리운 친정과 함께 예쁜 추억들이 내 가슴 속에 아름다이 새겨져 있는 것이다.

엄마 아빠와 함께 살고 싶어요

KBS TV의 제1 방송에서는 오전 8시 30분부터 약 1시간 동안 '아침 마당' 이라는 프로그램을 매일 방영하였다.

MC 이상벽씨와 아나운서 정은아씨가 진행을 맡았다. 주로 주부를 대상으로 하는 이 방송은 우리들 주변의 다양한 내용들을 주제로 하여 시청자들에게 비교적 유익한 시간이 되게 해준다고 생각하는데, 나는 우리 여성과 가정의 이야기들을 폭넓게 다룬 내용이 많아서 가끔 보고 있는 편이다.

얼마 전에는 가정의 달 5월을 맞아서 기획된 '엄마 아빠와 함께 살고 싶어요. 부모 있는 고아' 라는 주제의 방송이 방영된 것을 보고 많이 마음 아팠던 적이 있다. 상담 형식으로 진행된 이날 방송에 출연진으로 나온 사람은 가정적으로 문제가 있는 두 여성과 이혼을 한 부모 때문에 고아원에 들어가 살게 된 두 남자 아이였다. 나는 이 두 아이를 보고 그들의 처지가 하도 딱하여 애처로움을 감출 수가 없었다.

공신력을 가진 한 통계에 의하면, 요즘은 이혼을 하는 수많은 가정 때문에 그 가정의 자녀들이 부모가 멀쩡하게 있으면서도 함께 살지 못하고, 고아원에 버려지게 되는 경우가 갈수록 늘어난다고 한다.

부모가 죽거나, 혹은 부득이한 사정에 의해 불쌍한 아이들이 고아원에 갈 수 밖에 없었던 지난 과거와는 달리 지금은 이혼을 한 부모들이 자녀들의 장래는 안중에도 없는 듯 인륜을 저버린 채 버젓이 고아원에다 자녀를 갖다 버린다는 것이다.

처음에는 거의가 아버지의 손을 잡고 들어오게 되는데, 아이를 고아원에 맡기면서 "이 다음에 꼭 다시 데리러 오겠다."는 약속을 남기고 가게 되지만, 그 약속이 잘 지켜지지 않는 경우가 대부분이라고 한 고아원의 원장님은 전해주었다.

그날 출연했던 두 남자 아이도 이와 같은 처지였다. 중학생과 초등학교 6학년이 된 이들은 어릴 때 부모가 이혼을 하게 되면서 서로 양육하지 않으려 하여 결국 고아원에 버려지게 되었다고 했다.

사회자가 아이들에게 한 여러 가지 질문 가운데 이 다음에 부모를 만나게 되면 어떤 말이 가장 하고 싶느냐는 말에 중학생은 "왜 나를 고아원에 보내게 되었는지 그 이유를 부모님께 꼭 알아보고 싶다."고 말하였다.

또한 초등학교 3학년 때 어린 여동생과 함께 아버지의 손에 이끌려 고아원에 들어오게 되었다는 좀 작은 아이는 아버지가 한 달에 한번씩 꼭 만나러 올 것이며 다시 데리러 오겠다는 굳은 약속을 하고 갔는데, 지금은 만나러 조차도 오지 않는다고 슬프게 이야기하였다. 왜 고아원에 들어오게 되었는지 그 이유를 아느냐는 질문에 "새 엄마의 말을 잘 듣지 않고 접시를 많이 깨뜨려서 오게 된 것 같다. 부모님과 함께 집에서 살고 싶다."고 자기의 소망을 말하였다.

사회자가 "어떤 날 부모님이 가장 많이 보고 싶으냐"고 다시 묻자 이 아이는 한참을 머뭇거리다가 "비 오는 날"이라고 조그맣게 말하였다. 비 오는 날 학교에서 친구들은 모두 부모님들이 우산을 가지고 와 교문 밖에서 기다려 주고 있는데, 그런 때 부모님이 많이 보고 싶다고 했다. 끝내 슬픈 울음을 터뜨리고 마는 그 어린아이를 보고, 그날 방송에 출연했던 모든 사람들이 자신도 모르게 흘러내리는 눈물을 닦느라고 정신이 없었다. 그 측은한 모습을 지켜보고 있던 나도 자꾸 적셔지는 눈시울을 주체할 수가 없어서 애를 먹었다.

내가 여지껏 알고 있기에는, 집을 잃어버린 아이들과 미혼모들이 낳은 아이, 그리고 부모 친척이 없는 경우에만 아이들이 고아원에 들어가서 살게되는 줄 알았다. 부모가 비록 이혼하였지만 양쪽 부모가 멀쩡하게 있으면서도 함께 살지 못하고 부모로부터 버림을 받아 슬픈 삶을 살아야 하는 그 아이들이 너무나 애처로왔다. 그리고 동시에, 메마르고 각박한 우리 시대의 매우 이기적인 사고로 변하여간 비정한 현대인의 한 단면을 보았는 것 같아서 마음이 씁쓸하고 아파왔다.

한창 부모로부터 많은 사랑을 받으며, 또 따뜻한 보살핌 속에서 자라야할 어린 시기에 가슴에는 기쁨과 즐거움 대신 슬픔으로 멍이 든 채 외롭게 성장해 가야 하는 그 아이들이 방송이 끝난 후에도 내내 머리속에서 지워지지 않았다. 어찌보면 그 아이들은 지각없는 부모들의 개인주의와 이기주의가 빚은 우리 시대의 희생물이라고도 볼 수 있다.

나와 나의 이웃들이 저마다 가정에서 가족들과 함께 화목한 시간을 보내는 이 순간에도 우리 사회의 한 구석에서 외로운 모습으로 쓸쓸하게 남아있을 그들……. 아무도 따뜻한 눈길로 보아 주지 않는 곳에서 비록 슬픔의 고통을 안고 살아가야 할 처지이지만 나는 그들이 부디 신의 축복 속에서 밝고 건강한 모습으로 잘 성장해 가기를 간절히 기원하였다.

유월의 농촌에서

삽쌀한 밤꽃 향기가 불어오는 바람 속에 퍼지는 유월은 우리 농촌의 일년 중에서 가장 바쁜 농사철이다.

이 때가 되면 지난 해 가을걷이를 끝낸 뒤 심어 두었던 마늘과 양파들의 특작물을 혹시 때이른 여름장마라도 시작될까봐 마음 졸이며 수확해야하고, 그 자리에 시기를 놓치지 않고 모내기를 하기 때문에 이 유월 한 달은 그야말로 눈코뜰새 없이 바쁘다.

하루종일 수확물 작업과 모내기에 지치는 이 바쁨 속에서도 우리 농민은 겨울을 지내며 튼실하게 잘 영글어준 수확물들을 바라보고 우리만이 느끼는 기쁨과 보람에 흐뭇해하며, 또 옮겨심은 어린 모가 튼튼하게 잘자라주어 황금빛 들녘을 이룰 그 가을을 기대하면서 하루의 피곤함을 달래 보기도 한다.

올해도 예년과 마찬가지로 이 유월의 바쁜 농사철을 맞아 들녘에서 정신없이 하루 하루를 보내고 있지만, 마음이 자꾸만 무거워져 오는 것을 떨쳐버릴 수가 없다. 거둬들이는 수확물들에 대해 예전에 느끼던 그 기쁨과 보람의 감정들도 이제는 가질 수가 없는 것은, 이미 재작년에 타결돼버린 우루과이라운드의 농산물시장 개방때문에 우리 농민들이 이젠 농사에만 희망을 걸고 살아 갈 수가 없기 때문일 것이다.

1995년부터 이행되는 이 협정때문에 벌써부터 시장에서는 값이 싼 외국산 농산물이 대량으로 들여와 판을 치고 있고, 올해 우리가 특작으로 지은 양파 가격이 유례가 드물 정도로 형편없이 폭락해버렸다.

해마다 정부에서 시행하는 추곡의 그 수매가가 작년부터 하락되기 시작하였고, U · R이 우리에게 준 10년의 쌀 유예기간 동안 한가마니에 2, 3만원대 밖에 하지 않는 외국산 쌀값에다 가격을 맞추기 위해 매년마다 우리 쌀값이 계속 내릴 것인데, 물가와 인건비는 자꾸 오르고, 반대로 우리 농민의 소득은 해마다 낮아지는 이런 나쁜 상황 속에서 우리들이 농사를 지을 의욕이 나지 않는 것은 당연한 일일것이다.

그렇지만 우리 국민 전체가 농촌의 이러한 실상을 잘 이해하고 파악하여 우리 농민들이 생산하는 농산물을 귀하여 여겨 우리 것을 애용하는 사회적인 분위기로 만들어 간다면 우리 농민들은 반드시 이 어려운 농산물 개방시대를 잘 극복해 가리라는 생각을 해

본다.

우리들이 우리것을 사랑하고 또 소중히 여기는 풍토가 조성되면 또 다시 유월 이 바쁜 농사철을 맞이하게 되더라도 우리 농민은 미래에 대한 그 불안감을 떨쳐버리고 농민 본래의 모습으로 되돌아가 본업에 힘쓸 것이며 우리 농산물을 지키려 애를 쓸 것이다.

그러면 아무리 강대국이 자국의 이익 때문에 농산물시장 개방을 만들었다고 하더라도 우리 농촌은 살아남게 되는 것이다. 한 시대의 흐름을 결코 거역하며 살 수 없는 것이 그 시대의 인간들이라고 말할 수 있겠지만, 소중한 우리 것을 잃게 만드는 그러한 시대의 조류는 역행하여도 무방하다는 생각을 해보면서 우리 농민들에게 부디 희망찬 내일이 있기를 소망한다.

김외숙

할미꽃

단골손님

고령은 제2의 고향

할미꽃

오늘처럼 하늘이 맑지도 흐리지도 않은 날씨가 되면 외할머니 생각이 난다. 외할머니는 할미꽃으로 내게 기억된다. 외할머니의 얼굴이 그 꽃 속에 묻혀 있는 것은 가슴 아픈 기억들이 내 속에 남아 있기 때문이다.

어릴 때 너무 가난해서 병원 한 번 가지 못해서 청각 장애를 만들어 버린 딸에 대한 걱정 때문에 평생을 자식 주위를 맴돌다 가신 외할머니의 넋이 있어 할미꽃을 보면 주름진 외할머니의 영상이 떠오른다.

어릴 적이다. 그날도 외할머니는 우리들 걱정에 아픈 몸을 이끌며 오셨다. 자식을 위해, 손주들을 위해 자신의 아픈 몸은 아랑곳하지 않고 오셔서 부족한 것이 없는가 하며 이것저것 챙겨주시며 다독여주곤 하셨다.

그러다 엄마와 어떤 문제로 의논하다가 언성을 높이는 일이 있었다.

눈물 글썽이며 지팡이를 짚고 뒤돌아 가시는 외할머니를 향해 "내가 크면 잘 해 드릴 게요."하며 위로 아닌 위로를 해 드린 것이 엊그제 일처럼 느껴지는데 지금은 먼 하늘나라에 계신다.

마을에서도 아주 깊고 깊은 골짜기 안쪽 산등성이에서 깊은 잠 주무시는 외할머니의 산소 옆으로 빙 둘러쳐진 꽃들의 향연 속에서 수줍게 고개 숙여 피어있는 할미꽃을 볼 때마다 그 넋이 꽃이 된 것이 아닐까?하고 생각해 본다.

그 때 외할머니의 나이가 되어버린 엄마와 그때 엄마의 나이만큼 내가 와 버린 세월 속에서 이 계절이 되면 더욱 생각나고 그리워지는 건 왜일까?

그 때는 아무 것도 몰랐었다. 내가 나이를 먹는다는 사실을……. 그리고 지금은 엄마를 통해서 나의 노년의 모습을 보게 된다. 살아가는 삶의 방식은 빙글빙글 돌아가는 풍차와 같이. 가면 오고 오면 가는 것이 우리네 인생의 순리인 것을 이렇게 사십대 중반의 여인이 되어서야 깨닫게 된다.

외할머닌 고혈압으로 인해 쓰러져 중풍으로 3년 넘게 고생하시다가 돌아가셨다. 삶의 긴 여정의 끈을 놓으면서도 딸을 위해 걱정하신 외할머니의 깊고 깊은 사랑 속에서 맑은 정신과 육체를 가지고 생활하게 된 것에 감사드린다.

가끔씩 오르는 등산로의 한 모퉁이 화단에서 보는 할미꽃은 나에게 추억과 삶의 희망을 주는 꽃이다. 이렇게 흐린 날에는 산등성이 위에서 가물가물 외할머니의 얼굴이 한 장면의 영상처럼 피어올랐다가 사라지곤 한다.

오늘 집에 가면 엄마한테 전화 드려야겠다. 비록 직접적인 음성은 들을 수 없지만 아버지의 말씀 속에서 엄마의 안부라도 물을 수 있으니까. 수화기 건너 저 편에서 들려오는 목소리라도 들을 수 있게 오늘도 열심히 즐겁게 생활하며 살아갈 것이다.

단골손님

우리 집은 시장 통로에서 방앗간을 하고 있다. 아침 일찍부터 왁자지껄한 소리에 일찍 잠을 깬다. 참기름을 짜고, 고추를 빻고, 떡을 만드는 방앗간이어서 대부분의 손님들이 연세가 지긋하신 분들이 많다.

시골 장날이 되면 농사지은 잡곡들을 팔기 위해 아침 일찍부터 시끌벅적 사람의 향기가 난다. 명절이 다가오고 있어서인지 사람들의 명절 준비가 하나, 둘 바빠지고 있는 것이 새삼 그들의 몸짓에서 느껴진다.

고추며 참기름이며 미리미리 준비하여 먼 길 오는 자식들 하나라도 더 챙겨주기 위해서 오늘도 보따리에 보따리를 등에 지고, 손에 들고 오신다.

'부모가 자식을 위하는 마음의 반이라도 자식이 부모를 위하여 애쓴다면 효자소리 듣는다.' 는 말을 오늘 따라 새삼 떠오르게 한다.

가게를 운영한지도 어느새 십오 년이란 세월이 흘렀다. 오랜 시간이 흐름에 따라 단골손님들이 이 세상에 안 계신 분들도 많이 계신다.

어느 날 갑자기 아파서 서울 병원에 진찰하러 갔다가 간암 말기로 돌아가신 아주머니의 사연을 이야기하신 아저씨는 아직도 믿기지 않는 표정으로 말씀하시는 것을 볼 때 인생은 참으로 알 수 없는 것들 투성이라고 생각한다.

오늘 오신 손님 중에서도 아저씨가 모든 것들을 다 심부름해 주시고 무거운 것들은 오토바이로 실어서 같이 가게에 오곤 하셨는데……. 어느 날 갑자기 아저씨가 감기처럼 왔다가 합병증으로 세상 떠난 이야기에 남겨진 자의 슬픔을 눈가에 맺힌 이슬을 통해서 그 쓸쓸함을 읽을 수 있었다.

얼굴에 근심을 가득 안고 오신 손님 중에서 기름을 짜는 동안 어렵게 꺼내놓은 하소연 섞인 이야기이다. 시골이기에 소문이 무성한 동네라서 며느리 바람났다고 마음 속으로 전전긍긍하며 속앓이하시다가 지금은 마음잡고 잘 산다고 좋아 하시더니……. 이제는 아저씨가 암과 투병중이라 하신다. 그래서 드실 수 있는 음료 중에서 요구르트와 두유를 한 가방 사들고 가신다고 한다. 돌아서는 뒷모습이 처량해 보이는 것이 가정마다 한 가지 고민은 다

안고 살아가는 게 우리네 인생살이가 아닌가. '사람에게 모든 복은 다 주시지 않는 게 세상살이인가.' 하고 혼자 되뇌어 본다.

3~4년 전에 세상을 떠나신 83세의 할머니는 아직도 잊혀지지 않고 기억 속에서 생생하게 떠오른다. 산등성이 비탈진 언덕 위 평지에 자기가 묻힐 땅을 손수 마련하셔서 하루에 한 번씩 자기가 묻힐 땅을 둘러보며 풀도 뽑고 돌도 주워내고 하염없이 그 자리를 맴돌다 온다는 말씀을 하실 때 생의 마지막을 준비하는 자의 여유로움을 엿볼 수 있었다.

딸 넷을 낳고 남편으로부터 버림받아 먹고 살기 위해서 안 해본 것이 없을 정도로 갖은 고생을 하셨다고 한다. 아들이 집안의 대를 잇는다하여 남아 선호사상이 아주 심했던 사회적 환경이 그러했고 시대적으로 남자를 우대하던 시대에서 할머니는 아들을 생산하지 못한 죄책감에 시달렸을 것이다.

그 시대에는 딸은 공부도 많이 시키면 안된다고 하던 때였다. 그래서 아들만이 집안의 유일한 희망이었을 시대적 아픔이 그 할머니를 통해서 느껴졌다.

지팡이를 의지 삼아 병원을 전전긍긍하시다가 떠나신 할머니, 부디 좋은 세상에서 좋은 일들만 있으시길 염원해 본다. 할머니는 떠나셨지만 그 따님은 아직도 우리 가게를 찾아오시는 단골손님이다. 대를 이어 찾아오시는 손님들이 많다.

사연도 많고 삶의 애환들도 많이 간직하고 살아가는 그 분들의 모습에서 미래의 내 모습을 그려본다. 떠난 사람은 말이 없고 떠나야 할 사람들만 현실에서 삶의 아우성을 지른다.

조금 더 가지려고 조금 더 얻기 위해서 아웅다웅 틈바구니에서 나도 세월 속으로 묻혀가고 있다. 우리 모두는 떠나야 한다. 어느 것도 영원한 생명은 없다. 돈으로 살 수 없는 생명 좀 더 소중하게 사는 날까지 서로를 아끼면서 살아가자.

고령은 제2의 고향

경상도에서 두 번째로 작은 인구를 가진 고령이라는 중소도시. 대구의 서쪽인 서대구에서 출발하여 구마고속도로를 타고 5분정도 나오다가보면 두 갈래의 갈림길이 나온다.

우측의 88고속도로를 타고 다시 30분쯤 가면 고령 성산IC가 나온다. 성산 매표소를 지나 10분정도 더 달리면 작은 소도시 고령이라는 고장에 발을 들여 놓게 된다.

다른 작은 소도시와는 달리 문화유산이 많은 곳이다. 특히 대가야박물관과 왕릉전시관이 있다. 왕릉전시관 뒷산길을 따라 올라가다보면 대가야 왕족들의 무덤이 줄을 서서 낯선 방문객들을 맞으며 천년의 세월동안 변하지 않고 지금도 그 자리에 있다. 역사의 흐름을 대변이라도 하듯 그렇게 왕릉은 우리들에게 많은 것을 시사해준다.

산등성이를 돌아 내려오는 길은 봄에는 벚꽃들이 만발하여 산을 찾는 사람들에게 즐거운 마음을 갖게 해 주고 산의 끝자락에

서면 서원이 많이 부흥하던 시절에 유림들의 공부방이었던 고령 향교가 있다. 세월의 무상함을 알게 해주듯 향교는 지금 그 자리에 남아 있다. 그러나 그 시대의 선비들은 가고 없고, 오늘날의 선비들이 그곳을 드나들며 사라져가는 유림을 지키고 있다.

다음 코스로 우륵박물관에서 가야금의 유래와 우륵의 가야금에 대한 자료와 체험장이 마련되어 있다. 방문객들의 시대를 거스른 역사를 배울 수 있는 곳으로 거듭나고 있다.

지금도 가야금 체험을 할 수 있도록 군에서 지원을 아끼지 않고 있다. 주민들을 위해 여러 가지 교양 교육도 하고 복지시설에 많은 관심을 가지고 있는 이곳 고령은 살기 좋은 고장으로 만들기 위하여 많은 노력을 하고 있다.

아이들 교육문제로 인해 고령을 많이 떠나가고 있는 현실로 인해 자꾸만 인구가 줄어드는 것이 안타까울 뿐이다.

인근 소도시로 발전하는 무언가가 있기를 기대해 본다.

금산재를 오르기 전에 오른쪽에 자리잡은 산림녹화 기념숲은 올해 4월에 문을 열었다.

가족들과 도시락을 싸서 나들이를 가면 아이들 교육에도 많은 도움이 되고 자연을 배우고 삼림욕도 즐길 수 있는 아주 좋은 휴식처로써 하루를 유익하게 보낼 수 있는 곳이다.

기념관 2층에는 수석전시관과 향기를 체험할 수 있는 향기 체험실이 있다. 흙길 밟으며 올라가다보면 자연 그대로의 모습도 있고 인공적으로 꾸며놓은 것도 있다. 작은 다리를 지나 맨 위쪽에 폭포 앞에서면 시원히 떨어지는 낙수의 흐름에 정신을 놓고 경치에 취하고 자연에 취한다.

마지막 코스로 이곳 고령은 농업 특수작물을 많이 재배한다. 쌍림의 딸기, 성산의 메론, 우곡의 수박, 개진의 감자 등. 산지에서 싱싱한 과일들과 채소들이 많이 수확되기 때문에 재래시장을 들러서 장을 보는 것도 고령을 찾는 손님들에게 좋은 먹거리 정보가 아닐까 생각해 본다.

공기 좋고 물 좋고 산 좋고 인심 좋은 이곳, 고령에 뿌리를 내리고 산지도 어느새 이십년이 되어간다. 세월의 무게만큼 훌쩍 커버린 아이들을 바라보면서 시부모님 모시고 알콩달콩 살아가다보니 이곳이 제2의 고향이 되어 버렸다.

삼대가 한 지붕 아래서 옹기종기 모여 살지만 늘 웃음만은 잃지 않고 살아가려고 노력한다. 먼 후일 내가 죽어서 뼈가 묻힐 이곳 고령이라는 소도시에서 오늘도 나는 활기찬 하루를 열어간다.

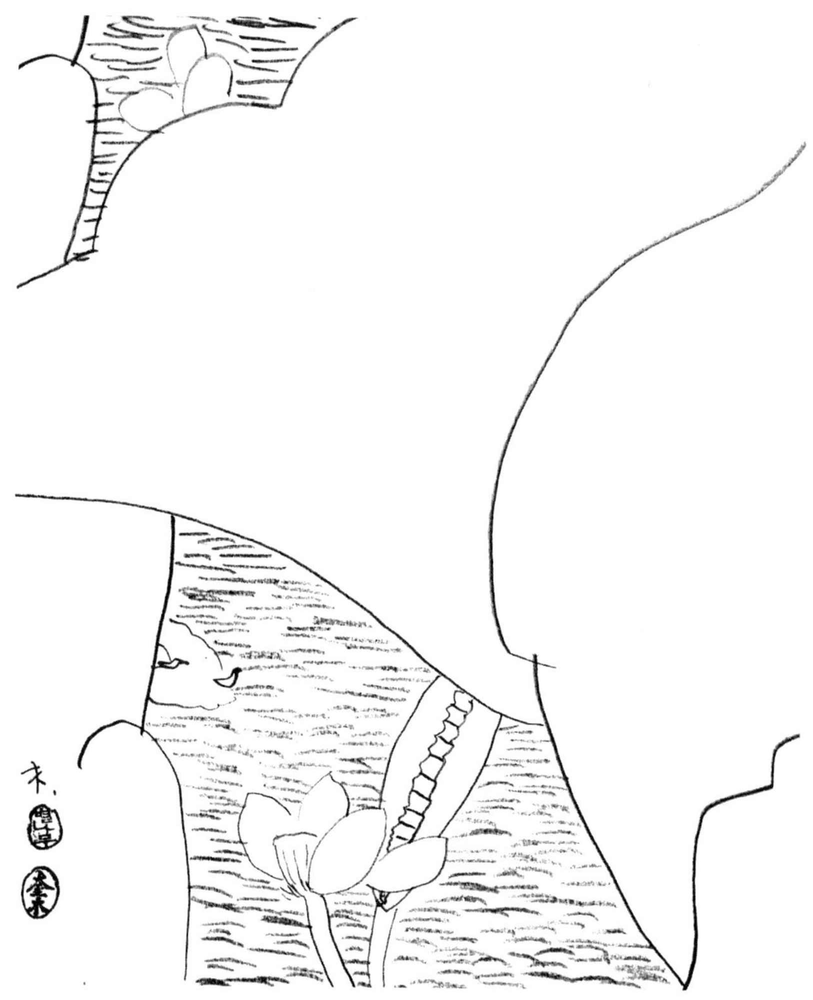

김정록

세대 차이

믿음은 어디로

아버님

지금이 내 인생의 가장 빛나는 때

특별 휴가

세대 차이

어느 날부터였든가? 아마도 서태지 바람이 불어오고 딸애들이 사춘기로 접어들면서부터였던 것 같다. 우리 나름대론 노래방이다, 여행이다 함께 하는 시간이 많았기에 우리 사이 만큼은 세대 차이가 없는 부모자식간으로 늘 생각하고 있었는데…….

어느 날 함께 간 노래방에서부터 세대 차이란 게 나기 시작했다. 빠른 템포와 시끄러움, 노래를 하는 건지 책을 읽는 건지도 모를 중얼거림에서부터 부끄러움과 순수가 결여된 노골적이고 이기적인 가사 내용으로 아빠와 나를 깜짝 놀라게 했다.

다섯살배기 예지도 흥얼거리던 미녀와 야수는 더 더욱 나를 실망시켜 버렸고, 꿈과 사랑과 희망을 심어주던 우리들의 노래들은 흘러간 가요프로그램에서나 들을 수 있게 되었다.

나도 대학 가면 배꼽티를 입고 싶다던 큰딸 영롱인 보수파인 아빠에게 눈물의 쓴맛을 보아야 했고, 혜진이가 보고 싶어 '책나라'에 들렀다 오는 슬기는 너도 엄마가 되어 봐야 걱정하는 엄마 마음을 알 수 있다는 엄포(?)를 들어야 했다.

마음 속으로는 늘 예의바르고 활발하며 자유롭게 키우고 싶은데 어수선한 세상으로 내보낼 수가 없다. 괜한 부모의 걱정거리일까? 아빠, 엄마 눈치 보지 않고 솔직하게 자기 의견을 얘기할 수 있고 너그러운 마음으로 들어 줄 수 있는 세대 차이가 나지 않는 부모와 자식으로 지내고 싶다. 물론 부모와 자식간은 1촌이란 건 기억해야겠지.

믿음은 어디로

언제부턴가 신문의 사회면은 세상을 깜짝 놀라게 하는 일들로 가득 차게 되었다. 동방예의지국이라는 우리나라는 단군의 한민족들인데 어찌하여 이처럼 망나니들이 많이 생겨났는지 정말 세상 사는 게 무서울 뿐이다.

우리 집에는 딸아이가 셋이 있다. 연일 발생하는 유괴사건과 성범죄들 때문에 밝고 아름다운 꿈을 가지고 자라야 할 천진난만한 동심은 어른들의 걱정과 과보호 속으로 몰아가고 있다.

큰아이는 남다른 친밀감과 사교성이 있어 사람 사귀기를 참 좋아한다. 며칠 전에 학원 선생님으로부터 전화가 왔었다. 경찰서 앞 보초선 전경과 한참 얘기를 나누다 가는 걸 봤는데 집에서 혹시 모르시나 해서 귀띔을 하는 거라고. 전경아저씨도 집 떠나 군복무 중에 어쩌면 동생 같고, 어쩌면 조카 같은 마음에서 우리 딸애를 가까이 했을 텐데 그 먼저 두려움이 앞서는 건 또 왠일인지…….

딸애를 불러 전경 아저씨를 집에 한번 데려오라는 선심(?)과 딸들에게 순결 교육을 시작했다. 아빠 아닌 그 어떤 남자들이라도 다 조심을 해야 한다고. 다행히 둘째 딸은 태권도를 배우겠다기에 이 무서운 세상을 살아가려면 여자다움도 중요하지만 자신을 지킬 수 있는 기본기쯤은 갖춰야 할 것 같아 흔쾌히 응낙해 주었다.

슬기, 영롱아, 범죄 없는 세상 두려움이 없는 세상, 믿음이 있고, 꿈이 있는 세상이 되도록 아빠 엄마의 조그만 힘이나마 너희들께 보낼게.

아버님

지난번 아버님 제사엔 서울의 큰언니랑 형부, 부산의 작은 오빠랑 올케, 야로의 창남언니, 구지의 조서방, 백운동의 유서방이랑 창애, 아버님이 걱정스러워 하시던 태우. 이렇게 모두 다 모였답니다.

아버님 떠나실 때 짝을 못 이뤄주셔서 큰언니랑 큰오빠께 부탁하셨던 록이도 이서방이랑 애들이랑 함께 왔었답니다. 유별나신 자식 정에 생선 가시에 목 걸릴까 봐 가장자리 부분만 드시고는 "반찬 다 먹었다. 가져 가라."시며 가운데 부분은 항상 우리들에게 넘겨 주셨고, "나 죽고 나더라도 이거 우리 할배가 심어 놓으신 거다."며 마음껏 따먹을 수 있게 온갖 과일나무는 다 심어 주셨죠.

올해도 뒷산의 무공해 복숭아를 따먹으며 모두들 아버님 생각을 했습니다. 아버님 떠나신지 벌써 19년, 자손들 위해 심어놓은 과일 나무랑 소나무를 지키시느라 "나는 앞에도 눈이 있고 뒤에도 눈이 있다."시며 들에서 지르시는 고함 소리에 호랑이영감님은 정말 뒤에도 눈이 있나 싶어 모두들 뒷산엔 얼씬도 못했었는데, 저희들이 부족해 청솔가지만 갈겨 땔감으로 사용하시며 키워 오셨던 5~60년생 소나무들이 이번 봄에 여남은 그루나 베이고 말았습니다.

진동골쪽으로 써놓은 어리석은 묘지 주인이 생활에 어려움을 겪다 보니 묘지에 소나무 그늘이 져서 그렇다는 풍수 얘기를 들었던가 봅니다. 옛말에도 잘되면 내가 잘나서 그렇고, 못되면 조상 탓이란 말처럼 모두들 자기 입장에서 행하다 보니 그런 일이 일어났나 봅니다.

아버님, 호랑이 영감님이란 아버님이 계셨더라도 이해를 해 주셨겠지요? 아버님 어머님 대신인 큰오빠랑 올케도 더 많은 시간을 아버님 어머님 계신 산에서 보낼 겁니다.

큰오빠 뒤엔 눈이 없으니까요.

지금이 내 인생의 가장 빛나는 때

10년 전 불교의 윤회설을 이야기하며 지금 대학공부를 하게 되면 내생엔 그만큼 지혜의 눈이 밝아져 전생에서 배워둔 그 다음부터 공부를 하면 된다면서 사회복지학을 배우게 해준 남편 덕에 이 생에서 이렇게 사회복지사로서 일할 수 있게 되었나 보다.

2007년 5월초, 고령군 홈페이지 구인구직란에서 우연스레 만난 '독거노인생활지도사 파견사업'이 내게 다가온 커다란 변화였다. 자격요건이 첫째 고령에 거주하는 자로서 나이가 65세 이하라면 해당이 되었다. 5학년 6반이나 되어 가지고 흔히 우리끼리 말로 식당에 그릇을 씻으러가도 커텐치고 일을 시킨다며 우리가 설자리가 정말 없는 거라고 놀순이로 전락했는데 첫째조건이 마음에 들었다. 둘째 사회복지사 자격증과 운전면허증, 엑셀사용자였다. 준비된 대통령이랬나. 모자라는 부분은 딸들이 채워주기로 하고 이력서를 제출했다. 주위 여러분들의 격려와 부러움을 받으면서 사회복지사로서의 길로 뛰어 들었다.

처음에 홈페이지에서 본 내용과는 다르게 시작된 고령군독거노인전수 조사가 시작되었고, 청원상록리조트에서 있은 워크샵에서부터 멍해지기 시작했다. 목원대 권중돈 교수님의 설명에 도대체 엑셀작업을 어떻게 하라는 건지 가슴이 답답해서 숨을 쉴 수조차 없었다. 그 와중에 걸려온 남편의 전화 눈물이 날 것 같아 전화를 받을 수도 없었다. 항상 친정엄마를 떠올리면서 "넌 이봉학 여사의 딸이 그것도 못하면 안된다."고 용기를 주는 남편과 우리엄만 참 좋은 인연이었던 것 같았다.

시작이 반이랬는데 용감하게 뛰어들어 놓고 물러날 수도 없는데 부딪쳐 보자면서 용기를 내었다. 연일 내리는 폭염주의보 속에도 우리 생활지도사들은 할머니들 돌보다가 우리 쓰러지겠다는 우스게 소리에 함께 웃으면서 독거노인 지원카드를 작성하며 어르신들의 안전을 위해 폭염도 견뎌야했다. 자전거로 자동차로 도보로 어르신들을 돌보느라 2명의 지도사가 대상포진에 걸려 고통스러웠지만 기다리실 할머니 생각에 쉴 수 없다며 현장으로 내달렸다.

고령군의 주민등록상 독거노인과 실제 홀로 사시는 노인들을 조사 발굴하여 거기서 안전확인, 생활교육과 서비스연계와 대기자로서 400명을 가장 점수가 낮은 순과 16명의 지도사들의 의견을 모아 대상자로 선정하였다.

무슨 놈의 엑셀이란 놈은 작업을 한참해 놓고 보면 어디로 도망을 갔는지 찾을 수도 없고, 반복되는 엑셀과의 숨바꼭질에서 주책없이 흘러내리는 눈물에 몇 번이나 포기를 생각했었다. 그러던 어느날 갑자기 내가 지금 어렵다고 포기를 한다면 우리 딸들도 나처럼 힘든 일들을 만날 때 어떻게 세상을 헤쳐 나갈 수 있을까란 생각에 정신이 번쩍 들었다.

남들이 보기에 지도사 일지와 조사과정은 좀 서툴지 모르지만 우리 생활지도사들은 정말 봉사정신이 없다면 해낼 수 없다는 것도 잘 알고 있다.

"야! 우리 지도사들 중에 혹시 점보니까 선생해야 된다는 사람 없었느냐"는 농담에 김순도가 정말 자긴 선생을 해야 된다고 철학관에서 그랬는데……. 어르신들 생활교육하고 안전확인하는데 선생님이란 소리를 들어도 된다면서 모두들 웃었다.

미흡하지만 지도사들이 본 노인들의 일상을 몇 가지 적어 본다.

우곡에 사시는 85세 김○○ 할머니

우리 지도사가 갔을 때 자랑을 하시더랍니다. 아들이 보약을 사다줬는데 인삼냄새도 나고, 좋은데 먹고 나면 입에서 거품이 뽀르르 나온다고요. 깜짝 놀란 지도사가 할머니 보약 한번 보이시더 했더니 커다란 인삼이 그려진 인삼 샴푸였답니다. 다행히 보약이라고 뚜껑에 하나씩 드신 덕에 별탈은 없으셨지만 갖다 준 아들도 아마 60이 넘으셨으면 그 작은 글이 보이지 않았겠지요.

장기리 김○○ 할머님

지난번 태풍에 놀란 목소리의 지도사 전화를 받고 달려가 보니 산에서 내려오는 빗물에 갇혀 유모차를 끌고 나올 수도 없고 마루에 앉아 계셔 읍 담당자에게 연락했더니 나오셔서 어떤 방법이 가장 좋을까를 고민 끝에 마루에서 대문까지 할머니가 유모차로 다닐 수 있는 고가도로(?)를 놓기로 했었는데 오늘 가보니 고가도로만큼이나 환하게 웃으시는 할머니 얼굴에서 또 다른 행복감을 느낄 수 있었습니다.

우곡의 고○○ 할아버님

한달쯤 할아버님 보이진 않고 대문은 바깥으로 잠겨 있고 마당에 풀이 무성하여 걱정되어 독거 노인조사에서 알게 된 부산 동생집으로 연락을 하곤 했는데 동생 내외분이 너무 고마워하시고 며칠 후 돌아오신 할아버지께 앞으로 멀리 가실 땐 꼭 연락주고 가시라고 당부드렸습니다.

고령의 추○○ 할머님

고장난 보일러를 보며 다가올 겨울이 걱정되어 담당자께 서비스 연계 부탁했는데 보일러 수리로 올겨울 따뜻하게 지낼 수 있다며 너무 좋아하시는 할머니의 모습에 덩달아 웃을 수 있어 좋았다는 지도사. 수고하셨습니다.

성산면 여성단체에서 만든 호박죽을 배달해주면서 밑반찬을 기다리시는 어르신들 생각에 일회성으로 그치지 않기를 바라는 성산지도사님. 더 많은 자원이 있었음. 어르신들의 삶에 조금이라도 도움이 되겠지요. 그런데 어쩝니까 모자라는 부분은 지도사님의 정이담긴 말 한마디가 더 좋을 수도 있겠지요.

70대 어부의 살인사건을 보면서 너무 동떨어진 곳은 혼자 가지 말라는 당부에 항상 다닐 때 웃으며 어르신을 만나다보니 처음에 귀찮아하시던 어르신들도 너무 반가와 하신다며 조금도 걱정 말라시는 다산 지도사님들. 그래도 모든 사건들은 충동적이고 우발적일 수 있습니다. 항상 조심하세요.

활동적인 개진. 며칠 전 왜 이 시간에 고령에 왔는가 싶어서 깜짝 놀랐지요. 정말 아무도 없는 독거노인이신데 모셔와 병원예약을 해두고 점심 사드리고 치료시켜서 모셔 가는 걸 그 따뜻한 마음도 모르고 자라보고 놀란 가슴 솥뚜껑보고 놀란다고 주위의 눈들만 의식한 내가 참 부끄러웠습니다.

쌍림초등학교 축제날 할머니들 모셔다 구경시켜 드리는 열성적인 지도사님. 기다리시는 어르신들 때문에 약속은 꼭 지켜야 한다고 하셨지요. 자기가 쯔쯔가무시에 걸린줄도 모르고 할머니들 가을철 유행성출혈열에 주의하시라고 생활교육 시켰다죠. 내가 건강해야 어르신들도 잘 돌볼 수 있습니다.

혼자 병원 가기 무섭다시는 할머님의 보호자가 되어 포항까지 동행해주고, 볼일을 보시고 어쩔 수 없어 짓이기고 계신 할머니, 자녀분께 연락해 모셔가도록 해놓고 눈물지으시는 운수지도사, 당신들이 있기에 그래도 지구는 돌고 있습니다.

내일아침 때거리가 없다는 할머니 말씀에 쌀이랑 찹쌀이랑 한가득 담아 "할머님 한참은 잡수시겠지요."라며 전해드렸다는 우곡 지도사.

혼자서 덕곡 독거노인을 지도하러 다니다 보니 예전에 아파서 누워 있을 때가 더 많았는데 아플 시간이 없다는 덕곡지도사 가족의 도움이 있어 든든하답니다.

이론적으로 보면 어떻게 노인을 혼자 계시게 하느냐고 하실 수 있습니다만 부처님 말씀에 팔만사천번뇌라 하셨나요. 다 나름대로의 사연들을 안고 계신답니다. 할머님들이 일상생활에 필요한 일들이랑 앞으로의 남은 여생을 즐겁고 마음이라도 편한 삶을 살 수 있도록 우리 지도사들은 다가갈 것입니다. 대창양로원 원장님께서도 말씀하셨습니다. 지금은 모든게 보고형태다 보니 보고서 잘 쓰는게 최우선으로 보이지만 실질적인 사업은 얼마만큼 어르신들께 다가가서 한마음이 되는지가 더 중요한 사회복지라고 하셨습니다. 점점 늘어가는 고령화 사회에 우리 지도사들이 있기에 살맛나는 고령이 되도록 웃음을 보낼 것입니다.

독거노인생활지도사 여러분 파이팅!

특별 휴가

벌써 가족이란 울타리를 친지도 어느새 17년이란 세월이 흘렀다. 결혼 후 손가락으로 꼽을 수 있을 만큼의 공식적인 외박에도 늘 집을 못 잊어 안타까와 했었는데…….

며칠 전에 부산에서 친구들의 모임이 있었다. 되돌아올 일부터 걱정하는 내게 생각 외로 큰 휴가가 내려 늦게 고생하지 말고 부산서 자고 오라는 배려에 우리 이번에 가면 2차, 3차할 거라고 큰 소리를 쳤다. 여자 나이 40이면 갈지를 말라던 어느 유명인사의 말씀이 떠올랐을 것이다. 우리 서방님! 물론 부산 영희도 이번엔 우리 코흘리개 친구인 상효도 우릴 위해 나타날 거라고 했다.

야, 우리 일찍 가서 많이 놀고 오자든 우리들의 약속에 금이 가기 시작했다. 항상 코리안 타임인 날 못 믿어워 추운 날씨에 떨 것 없이 날 만나면 소자네집으로 전화를 하겠다고 약속을 했었다.

10시 56분발 부산행 열차를 탈거라며 소자네집으로 전화를 해도 통화가 되질 않아 동대구역으로 향했다.

마흔넷 나이에도 아직 미니스커트가 어울리고 최진실 머리와 시아버님께서 사주셨다는 썬글라스를 쓴 미시족인 판희는 잔뜩 부아가 났다.

"촌년들 다시는 너거들하고 약속하나 봐라."

"누가 옷 그래 입고 오라든, 우리처럼 바지 입고 내의 입어봐라. 얼마나 따뜻하다고 하나도 안 춥다 우리는."

"촌년들 너거하고는 안 맞다."

"인지 부산 가봐라, 아이고 허리야(덜덜덜)"

아무리 기다려도 나타나질 않는 소자를 찾아 선옥이와 판희를 대구역으로 보냈다. 물론 앞서 산 열차표는 반값으로 줄어 있었다. 10시 50분 잔뜩 찡그린 얼굴의 소자가 우리를 찾아 나타났다.

2시간 반을 전화기 옆에서 꼼짝 않고 기다렸는데 전화를 안 받는 다고 몰아세우니 할 말이 없단다. 대구역으로 소자를 찾아 떠난 판희에게 삐삐를 쳤다.

SOS OOO. SOS OOO

사춘기가 오는지 갱년기가 오는지 정신이 없다던 선옥이의 전화기가 말썽을 부린거다. 743국을 734국으로 했으니 통화될 리가 없잖은가! 다시 모이고 보니 12시 6분발 열차를 탔다.

난생 처음 타본 기차에 우리 예지는 마냥 좋아했었고 우리들의 코디네이터인 판희는 또 시작이다.

“정록이 니는 그 쉐타엔 까만색 목티셔츠에 흰줄 하나 들어간 걸로 입어야지 쉐타까지 다 버렸댄다.”

“야. 그런 소리하지 마래이. 이래도 부산 간다고 거금 투자했는데 안 어울려도 입어야지. 겉옷만 벗으면 우리 예지랑 셋트다.”

“소자 니는 그 코트엔 약간 굽이 있는 구두를 신어야지. 그 통구두는 뭐꼬?”

“어제 백화점 갔더니 세일하더라. 내 발엔 240이 맞는데 250뿐이라서 두꺼운 양말 신고 신을라고 사왔는데 통배는 통배다.”

“내 머린 어떻노? 촌년 소리 안들을라고 정윤(섬유아가씨 진)만든 미장원가서 선옥이랑 코팅파마했는데.”

“소자 니 코트 새로 산 줄 알았으면 우리끼리 표 안물리고 먼저 가는 긴데 혼자서도 새 옷 땜에 왔을 꺼 아이가!”

“선옥이 니는 예쁜 딸 둔덕에 많이 바쁜 사람 됐제?”

어렸을적 수학 여행길처럼 한참 떠들다보니 어느새 부산역에 도착했다. 30여 년 만에 만난 서리 맞은 반백의 머리의 상효의 마중에 고마워하며 따뜻한 부산의 바닷바람을 마시며 영희집에 도착했다. 창원과 남지에서 온 덕희, 영주 이야기도 빼놓을 수 없다.

어디쯤에 있느냐는 영희의 물음에 바다가 보인다고 했더니 뒤에선 아저씨가 웃고 계시드래나!

알고 보니 부산은 조금만 높은 곳에 올라가면 어디서든 바다를 볼 수가 있다고 한다. 아들 둘을 군대에 보낸 덕희는 아들 면회를 가기 때문에 새벽에 간다면서 날더러도 새벽차를 타고 고령에 가란다.

“야! 특별휴가 받아 부산까지 왔는데 새벽차 타고 가서 또 아침밥하러 가라꼬? 안할란다. 난.”

우리들의 놀이터에 문명의 이기인 전화가 또 등장을 한다.

‘민제 학교 갔다 왔습니꺼? 시험은 잘 쳤는가예?’

화려한 1박을 꿈꾼 나의 꿈이 부서지기 시작하는 소리가 들린다. 9시 50분 통일호를 타고 든든한 울타리가 있고 아늑한 보금자리가 있는 아내의 자리, 엄마의 자리로 되돌아 왔다.

우리들의 2차 3차는 회갑 후에나 가능할까?

“판희야. 촌년들하고 다음에 또 약속하재이. 그래도 우린 모두 착하잖니?”

류월숙

돈

현대 사회를 황금만능주의 시대라고 한다. 돈이면 모든 것이 해결되는 세상이라는 것이다.

학교에서는 몰상식한 학부모들의 거액의 촌지로 사제간의 믿음이 깨어지고, 고액 비밀과외, 입시 부정, 병역 면제, 대기업 입사시험, 사립학교 교사 채용 등의 물밑 거래, 하다못해 교통법규 위반에도 담배값으로 통과되는 세상이다.

이름없이 표없이 돈을 쓰는 사람보다는 생색을 내면서 기부하기를 좋아하는 세상이다. 요즘 신문을 보면서 나는 묘한 감정을 가진다. 수재 의연금 명단을 유심히 보니 가나다순으로 기록한 것이 아니고 돈의 액수순으로 기록되어 있다. 당연한 일을 나 혼자만 가지는 느낌일까?

어떤 단체, 어떤 모임에서도 돈을 많이 기부한 사람이 그 사람의 됨됨이와는 상관없이 높이 평가되는 것을 볼 때 사회 경험이 적은 나는 의아해진다. 거금의 촌지를 주고 받는 사람들은 봉투

하나에 인격이 팔리는 것 같은 느낌이 들지 않는지 궁금하다.

얼마 전에 나는 어머니 회의에서 "촌지가 아이에게 크게 영향을 미치지 않을 것이다. 올바른 교사라면 촌지 때문에 특별 대우나 무관심하게 대하지 않는다. 아이 할 탓이 아니겠는가?" 했다가 코너에 몰린 적이 있었다.

학부모들의 사고가 저렇다면 불신의 벽은 더 높아만 갈 것이라는 예감 때문에 마음이 무겁고 답답했다. 뿐만 아니라 요즘 사람들은 없어도 있는 척 한다. 왜냐하면 후줄근한 차림새 때문에 불이익을 당하지 않기 위해서이다. 관공서, 병원, 고급호텔 모임 등 어느 모임에서도 비싼 옷, 고급승용차, 화려한 차림새 등으로 사람을 평가하는 세상이다. 초등학교에서까지도 아빠의 직업, 아파트 평수, 자동차 등으로 인기의 순서가 정해지는 세상이니 이 나라의 장래가 정말 걱정이 된다.

돈이란 무엇인가. 돈은 필요한 것이다. 그러나 적어도 인간이 돈의 노예가 되어서는 안된다고 생각한다. 성경에 사도 바울은 "돈은 일만 악의 뿌리"라고 했다. 돈 때문에 화목이 깨어지는 가정이 얼마나 많은가. 잠언에는 "가난하면 범죄할까, 부하면 자만할까, 일용할 양식으로 족하라."고 했다.

인간은 어느정도 만족도를 채워야 행복을 느낄 수 있다. 개인에 따라 그 만족도는 돈을 쓰며 사치하면서 느낄 수도 있고, 독서를 하며 검소한 취미생활을 하면서 느낄 수도 있다. 어려운 시대일수록 우리는 돈을 바로 인식하고 다스릴 줄 아는 지혜가 필요하다.

돈, 황금만능주의 사고는 갑작스런 기업 파산, 실직 등으로 돈줄이 끊어지니 사회 범죄는 나날이 늘어나고 혼탁해진다. 우리는 자녀들에게 돈을 바로 인식시켜서 어려움을 극복해 나갈 수 있는 용기있는 아이로 키워야겠다.

휴가를 다녀와서

우리 가족은 휴가길에 올랐다. 태풍 올가의 영향으로 비는 그칠 줄 모르고 내렸다. 그럼에도 불구하고 친정 동기들이 모여 있는 영양군 일월산으로 떠났다.

아침 일찍 일어나 혼자 남아 있을 큰아들의 밑반찬을 준비했다. 일청이는 지난 주에 수련회를 다녀왔기 때문에 학원에 너무 오래 결석한다면서 혼자 있겠다고 했다. 중 3이 되니 제법 의젓하기도 하고 대견하기도 했지만, 조금 서운하기도 하고 안심도 되지 않지 않았다.

'이제 다 컸구나!' 고등학교에 가면 기숙사에 들어갈 것이다. 대학 가고, 취직하여 결혼할 것인데 벌써 부모와 헤어지는 연습을 하는구나하고 생각하니 가슴 한 구석이 허전해진다. 둘째 일현이만 데리고 밑반찬, 이불, 옷가지 등을 챙겨서 빗속을 달렸다.

대구를 지나 안동 가까이에 오니 앞이 보이지를 않았다. 비가 내리는 것이 아니라 하늘에서 물을 쏟아붓는 것 같았다. 초등학교

2학년인 일현이는 차 문이 부서질 것 같다고 무서워했다. 하는 수 없이 남안동 휴게소에서 비가 그치기를 기다렸다. 거기에는 우리와 비슷한 처지의 사람들이 많이 쉬고 있었다.

남편과 아들이 휴게소 안에서 점심을 먹는 동안 나는 차안에서 비구경을 하였다. 이 태풍으로 인해 또 얼마나 많은 수재민이 생길까 생각하니 마음이 착잡하기까지 했다. 불이 지나간 자리는 흔적이라도 있지만 물이 지나간 자리는 흔적도 없이 쓸어간다는데…….

매스컴에서 해마다 같은 지역에서 수해를 입는 것은 천재가 아니라 인재라고 했다. 이런 뉴스를 들을 때마다 나는 왠지 화가 나고 가슴이 답답해진다. 이런 저런 생각을 하다가 조금 비가 그치는 것을 보고 다시 출발하였다.

언니한테서 점심을 먹지 않고 기다린다고 전화가 왔다. 천천히 갈테니 먼저 점심 먹고 염려하지 말라고 해놓고 조심해서 빗길을 달렸다. 안동 임하댐을 지나 진보에 가까이 오니 거의 비가 내리지 않았다. 뉴스에는 아직 남쪽 지방에는 비가 많이 내린다는데 좁은 땅덩어리인데 이렇게 일기 차이가 나다니 조물주의 섭리가 묘하기도 했다.

드디어 작은 오빠가 양봉을 하는 봉장에 도착했다. 큰언니 가족, 작은 언니, 작은 오빠 가족, 그리고 우리 가족이 함께 모였다. 큰오빠네가 사업상 오지 못해서 섭섭했지만 그래도 오랜만에 친정 식구들이 한 자리에 모이니 정말 감회가 새로웠다.

작은 올케가 준비한 염소탕으로 저녁을 먹고 우리는 마당에 돗자리를 깔고 모두 한 자리에 모였다. 결혼식장에서 본 뒤 처음 만나는 큰언니네 사위가 인사차 함께 내려왔다. 우리 형제 중 첫번째 맞이하는 새손님이기에 더욱 귀하게 생각되었다.

둘째날 오후에는 일월천에 나가서 천렵도 하고 수영도 했다. 쉰이 넘은 큰언니가 튜브를 타고 수영하는 모습이 마치 어린아이 같이 즐거워보였다. 작은 오빠는 누나와 누이 가족을 위해 갖은 애를 쓰면서 우리를 즐겁게 해주었다. 잡은 고기로 튀김도 하고 매운탕을 끓여 먹으면서 우리는 옛날 얘기에 밤이 가는 줄을 몰랐다. 조카들과 함께 끝말잇기, 꽃산, 지명대기, 시조 외우기, 가곡 부르기, 퀴즈놀이 등을 하면서 즐거운 시간을 보냈다.

셋째날에는 바닷가에 갔다. 수비에서 고개를 넘으면 백암온천이 나온다. 온천을 지나 울진 앞바다에서 바다낚시를 했다. 남자들은 낚시를 하고 여자들은 감자도 삶고 수제비에 라면을 끓여서 먹었다.

낚시터에서 환호성이 터져 나왔다. 황어, 놀래기를 모두 한 마리씩 잡았다. 놀래기는 이름 그대로 성질이 급해서 빨리 죽는다고 했다. 낚시터에서 회를 쳐먹는 기분을 이제 조금 이해할 것 같았다.

돌아오는 길에 백암온천에서 피로를 풀고 저녁을 먹은 뒤 돗자리에 누워 하늘을 보니 정말 그림 같았다. 고령에서 보는 하늘도 아름답지만 영양 골짜기에서 보는 하늘은 정말 가깝게 느껴졌다. 영롱하게 비치는 별들은 마치 머리 위에 수많은 꽃들이 피어 있는 것 같았다. 북두칠성, 작은곰자리 등을 은하수에서 찾으며 여름밤을 만끽하였다.

30여 년 전 우리 형제들이 어릴적에 고향 마당에 모깃불을 피워놓고 평상에 누워서 옥수수와 포도 등을 먹으면서 별을 헤고 노래하며 시를 읊던 그때가 주마등처럼 스쳐 지나 간다. 지금은 모두 출가하여 어른이 되고 부모가 되었다. 이렇게 행복한 밤이면 우리 형제는 누구할 것 없이 함께 보고 싶어하고 그리워하며 마음 한 구석에 허전함이 느껴지는 것은 부모님이 계시지 않기 때문일 것이다.

어머님은 쉰다섯에, 아버님은 예순 여섯에 세상을 떠나셨다. 5남매 중 큰언니와 큰오빠만 출가시키고 어머님께서 세상을 떠나신 뒤 12년동안 홀로 막내까지 출가시키신 아버님을 생각하면 우리 형제들은 늘 마음이 미어지는 것 같다.

좋은 날이 오면 더욱더 부모님 생각으로 착잡해진다. 큰언니 딸 정원이 결혼식날에도, 장손 지철이가 법대에 들어갔던 날에도, 둘째 언니 딸 현성이가 서울대에 합격한 날도 우리는 부모님을 생각하면서 눈시울을 적셨다. 부모님께서 계시지 않기 때문에 우리형제들은 더욱 더 애틋한 정이 있는 것 같다. 그것은 오히려 한이 서려있는 사랑이었다.

우리 형제들은 서울과 대구에 흩어져 살면서도 마음은 항상 지척에 사는 것처럼 가까이 있다. 훗날 내 아들 일청이와 일현이도 이렇게 의좋게 살아주기를 바란다. 아이들이 싸우고 고집을 부릴 때마다 나는 옛날 친정 아버님께서 그러셨듯이 형제간에 우애를 가르킨다. 아마 아들이 어른이 되어 부모가 되면 잔소리같은 이 말을 기억하면서 살아가리라 기대한다.

정말 세월은 유수같이 빠르고 인생은 무상하다더니 우리 윗대 어른들께서 모두 고인이 되셨다. 벌써 우리 대에도 외사촌오빠가 세상을 떠났다. 더욱 쓸쓸한 것은 휴가가 끝나기 전날 큰오빠에게서 급한 전화가 왔다. 친정어머니께서 그렇게도 자랑스러워 하시던 큰외사촌 오빠께서 세상을 떠나셨다는 전화였다. 전신전화국장으로 계시던 오빠는 고학으로 자수성가한 우리 어머니의 장조

카이셨다.

머지않아 우리대가 이 세상을 떠나면 손주대가 오겠지? 휴가를 끝내고 각자의 삶에 돌아가 열심히 살기를 부탁하고 다짐하면서 헤어졌다.

작은어머니

청춘에 홀로 되셔서 남매를 키우시며 늙어가신 작은어머니, 고운 얼굴만큼이나 마음씨도 고왔었지요. 항상 힘이 없어 보였음은 아마도 작은 아버님이 계시지 않았기 때문일 것입니다. 아버님께서는 늘 작은어머님과 오빠, 언니를 염려하셨지요. 말씀으로서가 아니라 진정으로 측은한 눈빛과 마음으로 늘 살피고 계셨습니다. 아마도 동생을 잃은 형님의 아픔을 모두 마음에 실어 제수씨와 조카들을 살피신 것 같았습니다.

TV에서 이산가족찾기 운동이 한창일 때 아버님께서는 채널을 고정시키시고 눈시울을 적시셨죠. 저도 '그 사람이 보고 싶다' 라는 프로를 볼 때면 작은아버님을 생각하며 착잡해진답니다. 하물며 생사를 알 수 없는 남편의 제삿날을 받아 젯밥을 올리기로 한 작은어머니의 마음은 오죽하셨을까요.

작은 집 오빠가 교사가 되고 올캐를 맞아 살아갈 때 아버님은 종종 작은 댁을 찾아 가시는 모습을 보며 우리는 흐뭇해 했습니다. 오빠네가 범어동에 큰집을 사서 이사했을 때 "이제 그만하면 장한 일했다."하시며 "더 욕심내지 말고 효도하며 행복하게 살아라."고 하셨습니다.

오늘은 작은어머니 장례일입니다. 하늘이 애도의 눈물을 하염없이 흘리고 있습니다. 마음이 여려서 평생 모진 말씀 한마디하지 않으셨던 작은어머님. 홀로 남매를 훌륭하게 잘 키우시고 두 손주 의젓하게 뒷바라지하시며 청상과부 홀어머니 가정에 불미한 소문 없이 무난히 살아가신 작은어머님.

지훈이가 "제대할 때까지 할머니 살아계셔요."하고 인사할 때 목이 메이시더니……. 이제 우리 집안 마지막 어른이 세상을 떠나시게 되는군요. 3대 이상 함께 살아가지 못하는 운명인가 봅니다.

인생살이 길어도 70~80해. 함께 살을 맞대고 사는 날이 불과 20~30년 밖에 안되는데 너무 아웅다웅하며 살았나 봅니다. 지나고 나면 후회할 인생. 이제 모두 모두 용서하고 사랑하고 베풀며 살아가야 하겠습니다.

작은어머님! 70평생 정말 수고하셨습니다. 작은아버님 곁에 가셔서 사랑 많이 받으며 편히 잠드소서.

배정원

작은 행복들

밝고 따뜻한 창가에 앉아 보고 싶은 책을 읽어 내려가다 문득 이 작은 행복에 가슴 설레이며 창 밖의 하늘을 본다. 눈이 시리도록 파아란 하늘, 손바닥으로 한 웅큼 새파란 물을 떠올 수 있을 것 같다. 그리고 행복을 갖고 싶은 사람들에게 나눠주고 싶다.

작은 행복들! 생각해 보면 세상에는 참 많은 행복들이 펼쳐져 있다. 얼었던 겨울이 녹아가는 이른 봄 어느 날 화단의 장미나무에 싹눈을 발견했을 때의 경이로운 행복감, 길가의 노점상 할머니의 채소떨이를 해드리고 고마워하는 모습을 보며 나도 고마워지는 행복감, 같이 웃고 울며 정을 줄 수 있는 상대가 있다는 게 행복하며 받을 수 있는 자리에 있다는 건 더 큰 행복이다.

삶고 두드리고 다듬질한 요이불에 누웠을 때의 뽀송하고 상쾌한 기분, 남편의 바지주름을 칼날같이 깨끗하게 다림질했을 때의 충만한 행복감, 거울 앞에서 크림 맛사지를 듬뿍했을 때 얼굴의 주름이 좍 펴졌다고 보여지면 잠깐이나마 행복의 착각에 빠진다.

한낮의 태양이 기울어지며 어둠이 서서히 묻어날 때 쯤이면 가족들이 하나 둘 모여 들어온다. 난 가슴이 설레이며 아주 편안한 행복을 마신다.

나는 두 개의 사과 중 큰 사과를 친구에게 주는 아이를 보며 잔잔한 행복의 파문을 느낀다. 아이가 어릴 때는 내가 보호했는데 벌써 많이 자라 엄마를 길안쪽으로 어깨를 감싸며 보호해줄 때 나의 늙음보다 가슴 벅찬 뿌듯한 행복을 가진다.

생활의 다반사로 지쳐 있을 때 수고했다는 남편의 짧은 한마디가 내일을 기대하는 행복의 힘이 된다. 작은 존재나마 인정받으며 가치 만큼의 대접을 받을 때 스스로의 행복에 젖어든다.

남을 배려하고 이해하며 겸손할 줄 아는 반듯한 사고를 가진 아이를 지켜 볼 수 있는 나의 행복은 최상의 행복이다.

마알갛게 유리창을 닦고 바깥 세상의 모든 것들을 보고, 듣고, 느낄 수 있는 정상의 아름다움에 진정한 감사의 행복을 느낀다.

향 수

이 달에 전기요금이 거의 두 배로 나왔다. 옛날엔 돈 들어갈 일이 없다고 가난한 사람들은 여름이 좋다고들 했는데, 요즘은 에어컨 전기료를 비롯하여 냉장고, 선풍기, 바캉스 등 여름이 한층 더 어렵다.

에어컨 전기료 걱정을 하다보니 겨울 난방비가 걱정이 된다. 예전처럼 땔감으로 나무를 사용하고 싶지만, 현대식으로 다닥다닥 붙어있는 건물의 특성상 어쩔 도리가 없음을 느낄수록 어릴 적 난방을 생각하게 된다.

가장 먼저 생각나는 것이 쌀등겨다. 벼의 껍질인 노란색의 쌀등겨가 부엌 뒤켠에 봉우리처럼 쌓이면, 풍로를 한 손으로 돌리며 한 손으로 한 웅큼씩 아궁이를 향해 던져넣으면, 빠알간 불꽃이 꽃처럼 피어난다. 그리고 불꽃이 연해지면 또 한 웅큼의 쌀등겨를 집어넣는다.

사그러들었다가 다시 살아나곤 하는 불꽃을 바라보며 모래성이 조금씩 무너지듯 사그락 사그락 내려앉는 게 재미있어 오랫동안 아궁이 앞에 쪼그려 앉아있곤 했다. 노란색 등겨가 새까맣게 타다가 하얀 재가 되어지는 운명을 지켜보면서…….

그리고 땔감으로 삭정이라는 게 있다. 꽃도 잎도 다 떨어지고 바짝 마른 앙상한 나뭇가지들이다. 잔가지들은 그냥 뚝뚝 부러뜨려 아궁이에 불을 지피고, 큰 가지들은 무릎에 대고 툭 부러뜨린다. 조금 더 굵은 나뭇가지는 부뚜막에 걸쳐놓고 발로 힘껏 밟으면 뚝 부러진다. 굵은 가지가 많을수록 밥하기가 훨씬 수월해진다. 잔가지를 자주 넣어야하는 불편을 덜 수 있으니까.

그리고 부지깽이는 불을 지피는데 있어서 없어서는 안 될 필수품이었다. 삭정이로 불을 때다가 곧고 적당한 길이의 가지가 나오면 잔가지를 떼어내고 팔길이 보다 조금 더 길게 다듬어 아궁이를 휘젓는데, 이때 사용하는 부지깽이의 쓰임이 중요한 역할을 한다. 타고있는 불을 아무렇게나 휘휘 저어도 안되고 요령을 다해 조심스럽게 불씨를 살려내는 역할을 해야만 불길이 꺼지지 않고, 같은 화력을 유지하며 멀찌기 앉아서도 불을 잘 지펴 낼 수가 있었다.

부지깽이는 또한 마른 솔잎을 태울 때 절대적인 존재가 된다. 바짝 마른 솔잎(우리는 깔비라고 불렀다)이라 뾰족뾰족한 게 손바닥을 제법 찔러대지만 성냥불을 붙이면 단숨에 확하고 불이 일어난다. 쌀등겨처럼 풍로를 사용하지 않아도 불이 잘 꺼지지 않고 부지깽이와 밸런스만 잘 맞으면 갈색과 커피색의 아름다운 조화를 만들어내곤 했다.

엄마를 따라 5일장에 가보면 사람의 네다섯배 정도의 큰 다발로 묶어서 팔러 나온 깔비를 볼 수 있었다. 시장에서 그렇게 깔비를 사오면 어린 나는 넓은 마당에서 숨바꼭질을 하다가 수북히 쌓아놓은 솔잎더미 뒤로 바짝 몸을 숨기기도 하였다. 얼굴이며 온몸을 바늘처럼 콕콕 찔러대도 아랑곳하지 않고 숨어 있다가 들키면, 아파서 눈물을 훌쩍이던 추억들, 그리고 장작으로 쪼개기 전의 통나무 둥치를 많이 사용할 때가 있었다. 이 통나무 둥치를 경상도 말로 '둥거리' 라 불렀다.

설날이 가까워오면 강정이며, 떡이며, 엿을 고으는 여러 가지 잡다한 일들로 엄마는 하루하루가 바쁘다. 그럴 때면 둥거리 사용을 많이 한다. 처음 불붙이기가 다소 어려움이 있긴 하지만 불이 붙으면 아주 오래도록 타기 때문에 일하기가 수월하다. 긴긴 겨울밤, 유난스레 날씨가 추우면 순이는 이 방 저 방 다니며 장작보다 큰 둥거리를 한두 개씩 더 밀어넣어준다.

친구들이랑 마주앉아 긴긴 겨울밤을 세우노라면 아랫목이 점점 식어지고 우리는 슬몃 나가 불붙고 있는 옆방 아궁이의 둥거리를 우리방 아궁이로 옮겨다놓고는 키득거리곤 했다.

가을을 시작할 즈음엔 우리집에 일년 중 딱 한번의 행사가 있다. 큰 짐차에 장작이 한 차 가득 실려오고 집안의 어른들까지 두 팔을 앞으로 쭉 벌리고 있으면 나이와 힘에 맞게 다섯개, 일곱개, 열개씩 장작을 얹어준다. 아이들은 낑낑거리며 마당 안으로 들여놓는데 어른들은 부지런히 차곡차곡 나무를 잰다. 일이 끝나면 우리들은 짜장면을 얻어먹거나 사탕값을 받는데 그때의 기분은 지금 생각해도 최고였다.

아버지께선 머리에 수건을 불끈 동여매시고 장작을 패는데 사람 키만한 아름들이 통나무를 받쳐놓고 그 한가운데 장작을 사선으로 엇비슷하게 걸쳐놓은 다음, 도끼자루를 번쩍 들었다 쿵 내리치면 정확하게 둥근 나무가 두 동강이 나곤했다. 그 다음 반으로 잘린 것을 다시 반으로 자르면 통나무가 네 쪽으로 나누어졌다. 나는 마루에 앉아 아버지의 그런 모습을 신기하게 바라보면서 힘이 센 아버지를 바라보는 일이 신나고 즐거웠다.

아버지는 그렇게 쪼개진 장작을 우물정자로 차곡차곡 쌓아 통풍과 건조로 햇볕에 잘 말리면 그 시절엔 가장 근대적인 땔감이 되어 제구실을 최상으로 잘하게 된다.

쌀등겨, 삭정이, 깔비, 둥거리, 그리고 연탄, 석유곤로, 그 시대에 병행했던 난방류들 중에도 특히 연탄은 24시간 동안 꺼지지 않는 불꽃으로 각광을 받았다. 방바닥도 낮이나 밤이나 항상 따뜻할 수 있었고, 가족이 다같이 식사를 하지 않아도 혼자서 따뜻한 국을 먹을 수가 있었고, 커피물을 한밤중에라도 끓일 수 있다는 게 참으로 행복하였다. 곧이어 가스렌지와 기름보일러가 등장하면서 부뚜막과 아궁이란 정겹고 따뜻한 말이 사라지게 되었다.

오늘날은 깨끗하고 간결해서 좋다. 연탄을 들이느라 온 집안에 시커먼 탄가루가 떨어지지 않아서 좋고, 부엌에서의 요리도 집안의 난방도 손가락 한두 개로 스윗치만 작동하면 다 해결된다. 얼마나 편안하고 편리한가. 아직 나는 전기보일러나 인덕스가 주방을 차지하지 않았지만 아이들 세대엔 당연할 것이며 이보다 더 편리한 무엇이 끝없이 발명될 것이다.

너무 편안한 현실에서 삭막함을 느끼며 연어처럼 세월을 거슬러 올라 옛 자리에 향수를 쏟아본다. 풍로를 돌려야하는 등겨며, 뚝뚝 부러뜨리는 삭정이며, 뾰족뾰족 찔리는 깔비, 한아름의 둥거리, 도끼자루로 쪼개지는 장작이며, 열아홉 개의 구멍을 가진 연탄까지 참으로 가슴이 사르르 녹아 내리는 따뜻한 옛 기억들이다.

지금 그 시절의 추억을 함께 할 수 있는 사람이 있으면 행복하겠다.

복실이의 거울

복실아 복실아, 최노인은 싸리문을 냅다 걷어차며 딸아이를 거칠게 불러댄다.

며칠 사이 최노인은 잔뜩 심기가 불편하다. 부지런하고 싹싹하며 항상 최노인 곁에서 얼쩡거리던 딸아이가 요사인 여차하면 최노인의 시야에서 보이지 않는다. 복실이의 얼굴이 보일라치면 쑤욱 튀어나온 입이 뭔가 불만이 가득한 눈치다.

어쩌다 옆에 있을 때 힐끔 쳐다보면 툭 튀어나온 입술이 삐죽거리다 오물거리다가 전혀 갈피를 잡을 수 없었다.

이것이 어딜 갔나? 복실이는 조금 전 밭을 메다 제 아비 막걸리 주전자를 가지러 가서는 깜깜 무소식이다. 최노인은 벌써 목이 말라 몇 번이나 목추김을 하다 참지 못해 집으로 달려온 것이다.

복실아 복실아, 불러대며 큰 방문과 부엌문을 열어 제끼고 뒤안 골방문을 잡아 당겼을 때 최노인은 흠칫 놀라 푹 주저앉고 말았다.

복실이의 앉아 있는 모습이 예사롭지 않았기 때문이다. 품안의 아기적 외엔 울어 본 적이 없는 복실이가 넋나간 듯 앉아 울고 있었다.

산노루 같이 이 산 저 산을 마냥 뛰어다니던 복실이는 어느날 반짝이는 조그만 물건 하나를 주웠다. 손바닥 안으로 쏙 들어오는 동그랗고 예쁜, 들여다볼수록 신비스럽기만 거울. 요리조리 돌려다 보니 낯선 얼굴 하나가 보였다. 감자만한 코, 왕방울만한 눈, 그리고 꿀꿀이 주둥이를 닮은 입도 있었다. 복실이는 그 낯선 얼굴을 들여다 보는 것이 너무 재미있어서 아무도 몰래 이불 속에 숨겨두고 틈만 나면 꺼내어 요지경 세상을 보듯 즐거워했다.

그러던 어느 날 복실이는 새로운 사실을 알게 되었다. 복실이의 머리를 섬광처럼 스치고 지나가는 생각 하나. 복실이는 정신없이 방으로 뛰어들어가 이불 속에 숨겨둔 거울을 꺼내들었다. 그 거울 속에는 못생긴 복실이의 얼굴이 당황스러운 표정을 짓고 있었다.

복실이 복실이, 우리 복실이 눈에 넣어도 아프지 않을 것처럼 항상 웃어주던 아버지, 어느 꽃이 이보다 예쁠까하고 엉덩이를 두들겨 주시던 아랫마을 사람들…….

복실이는 꽃같이 예쁘고 새처럼 귀여운 아인줄 알았던 꿈이 와르르 무너져 내렸다.

그 날도 복실이는 거울 속의 모습이 자꾸만 아른거려 일이 손에 잡히지 않았던 것이다. 아버지 술주전자를 핑계삼아 집으로 달려온 복실이의 손에는 이제 더 이상 신기할 것도 없는 거울을 슬픔과 원망이 가득한 눈빛으로 들여다 보고 있었다. 복실이의 두 눈으로 주루룩 눈물이 흘러내렸다. 한참을 울다 문득 눈물 사이로 아랫마을에 사는 얼굴이 하얀 이장님 딸이 생각났다. 눈물이 더욱 서럽게 쏟아졌다.

최노인은 복실이의 손에 들고 있는 거울 속을 들여다 보았다. 자기 얼굴을 한번 보고 복실이 얼굴을 한번 보고 둘이 같이 들여다보고는 딸과 아버지는 그만 쿡하고 웃고 말았다. 감자코, 왕방울눈, 꿀꿀이입. 복실이는 아버지와 꼭 닮은 자기의 얼굴을 확인하고서야 얼굴 가득 미소를 띄웠다. 아버지와 나는 꼭 닮아서 이 산골에 같이 살고 있구나, 그래서 나는 아버지의 예쁜 딸이였구나, 복실이는 지금까지 몰랐던 아버지의 사랑을 느끼며 가족의 의미를 알게 되었다.

며칠후 최노인은 장에 가서 커다란 거울 하나를 사 왔다. 마루벽에 걸어두고 보니 산골마을의 아름다운 꽃과 나무와 강줄기까지 훤히 다 놀러 와 있다. 복실이는 아침 일찍 일어나면 곧장 거울 앞으로 가 산골마을의 맑은 햇살에 얼굴을 씻고, 가슴엔 예쁜 들꽃을 꽂고, 머리엔 나뭇잎 모자를 얹어보기도 했다.

감나무에 날아온 까치가 복실이가 제일 예쁘다고 재잘거렸다. 복실이는 아버지 심부름으로 집안을 들락거릴 때마다 거울을 들여다보면 웃음이 저절로 복실이의 두 볼을 복숭아빛으로 물들이곤 했다.

거울 속에서 아버지와 나란히 들여다 볼 때면 아버지와 복실이는 두 손을 꼭 잡아본다. 매일 아침 거울 앞에서 마음이 곱게 물들고 있는 복실이는 이제 제 마음 깊숙이 마음을 닦는 거울 하나를 간직하고 있다.

감나무

이웃집에 큰 감나무가 한 그루 있다. 우리집 안방에 앉아서 창밖으로 고개만 들면 감나무를 항상 볼 수 있다. 신문을 보다가도 방 청소를 하다가도 화장을 하면서도 고개만 돌리면 언제든 그 자리에 변함없이 서 있으면서 가끔씩 내게 많은 생각을 해주게 한다.

지금은 마른 가지에 진홍색의 감 몇 개만 달랑 달려 있다. 대롱대롱 몇 개 달려있는 빨간 감알들이 마치 잘못 그려진 그림처럼 거추장스럽다. 머잖아 몇 개의 감알들이 까치밥이되어 다 없어지고 나면 그땐 진정한 나목을 볼 수 있는 기쁨이 이어질 것이다.

내가 겨울을 가장 좋아하는 이유는 잎과 꽃, 그리고 열매까지 다 벗어버린 나목 그대로를 볼 수 있기 때문이다. 그리고 한참 후 어느날 갑자기인듯 참외씨 같은 작은 연두색의 싹눈을 보며 봄의 소생을 맞이한다.

눈에 보일듯 말듯한 새싹들이 얼마후엔 연초록 색깔을 분명히 하고 시간의 흐름을 지나며 쑥쑥 자라서 진초록의 두터운 감잎사귀를 완성하면서 감꽃을 피운다.

올 여름 내내 담이 없는 빈터에 감꽃이 흐트러지게 널려 있어도 아이들은 거들떠 보지도 않는다. 나는 가끔 발걸음을 멈추고 몇 개의 감꽃을 주워보았다. 손바닥에 올려놓고 흙 먼지를 후후 불고 털어 보았지만 선뜻 입으로 가져가지지가 않는다. 어릴 때 실에 꿰어 목에 걸고 한개씩 떼어서 아껴먹던 그 달콤한 맛이날까?

추억만 더듬어 보면서 감꽃을 끝내 입안에 넣지 않았다. 감꽃이 껍질이 되어 떨어지기 바쁘게 알밤보다 큰 감알들이 또 떨어진다. 자연의 순리에 의한 낙오인가 도태인가. 적어도 결실의 열매에 실패당한 그 감알의 맛은 역시 씁쓸한 쓴 맛이다. 그러나 부패를 막는 짠 소금물에 푹 삭혀놓으면 그 맛이 희안하다.

어릴 때 단지단지마다 이름표나 날짜를 써 붙여놓고 아침마다 감단지를 열어보는 은밀한 즐거움은 영원히 맛볼 수 없다. 요즘 아이들에게 곰삭힌 풋감을 준다면 맛있게 먹을까? 아마 뱉아버리고 시대의 맛인 키위를 더 맛있게 먹을 것이다.

봄에서 여름의 한 계절을 건너 가을에 접어 들면서 빨갛고 단단한 감들은 두 갈래 길을 가게 된다. 한 길은 바짝 말려진 쫄깃한 곶감이란 이름으로, 또 한 길은 투명한 진홍의 홍시감으로 변해서 사람들의 먹거리가 되어 감의 일생을 마감한다.

겨울을 빈 몸뚱이로 지탱하면서 봄의 생명을 기다리는 인고의 시간을 나도 같이 지켜보면서 자연의 섭리를 기다린다.

선물

1995년 5월 8일 어버이날 아침은 가슴 벅찬 기쁨의 날이었다.

방위 근무를 하는 아들의 아침식사 준비에 조급한 마음으로 서두르고 있는 내게 아들은 빨간 카네이션 한 송이를 달아주었다. 오늘 아침엔 어느 집에나 다 있을 수 있는 특별 행사이며 난 또 제 밥을 챙겨주기 위해 약간 바쁘기도해서 "응 그래 됐다." 아무렇지도 않은 듯 말하곤 꽃을 받아 식탁에 놓았다. 아들은 다시 포장을 한 조그마한 물건을 내밀었다. "그래, 고맙다. 어서 밥 먹어라." 당연한 듯 아무 감정도 없이 아들을 출근시켰다.

대충 식사를 끝내고 포장된 선물과 꽃을 들고 방으로 들어왔다. 아빠는 빨간 카네이션과 함께 고급 화장품 세트였다. "아빠, 힘 내세요."란 쪽지글과 함께. 난 뭘까? 포장지를 조심스레 뜯었다. 책! 아, 책이였다. 유홍준의 『나의 문화유산 답사기』, 순간 전기를 통한듯 온 몸에 전율을 느꼈다. 아들아 고맙다!

이 감정은 책을 가까이 할 수 있는 사람만이 느낄 수 있는 감격이다.

어릴 때 친구끼리, 형제끼리 책을 주고 받은 일이며 여러 선물들을 주고 받았지만, 그리고 엄마가 아들에게 책을 주기도 하지만 이 세상에서 50고개를 바라보는 엄마가 아들한테 책을 받아 본 사람 있으면 손 들어보라고 큰 소리로 외쳐보고 싶다. 아무도 없으리라. 얼마나 행복하고 우아하며 자랑스러우냐! 책을 선물하는 아들의 마음도 책을 받을 수 있는 엄마도 행복하고 아름다운 거다. 그래 선물은 분명히 사랑의 마음이다.

잊을 수 없는 남편의 선물이 있다. 그건 격식을 갖춰 예쁘게 포장한 것도 아니고 어떤 의미의 날을 기념하기 위한 절차의 형식을 갖춘 것도 아니었다. 물론 남편은 선물이란 개념조차 생각지 않았으리라. 갓 시집온 새색시의 갸날픈 체격에 안쓰러움과 사랑의 표현이리라! 그래도 난 남편의 사랑의 선물로 기억하고 싶다.

그때나 지금이나 약한 체격은 그대로다. 시집 와서 처음 부엌에 들어 갔을 때 밥주걱이 내 팔 길이보다 더 길었고, 어른 손바닥만큼 크고 둥글었다. 그 큰 주걱으로 끙끙거리며 아침밥을 뜨는 모습을 보고 그대로 나가더니 남편은 절반쯤 되는 조그마한 스텐 주걱을 사와서 아무 말없이 내밀었다.

아— 이 사람이 내 남편이구나! 이제는 나 혼자가 아니구나! 그때의 고마움과 따뜻함은 결코 잊을 수가 없다. 때로는 남편이 미워질 때가 있어도 난 그때의 밥주걱을 생각하며 남편의 사랑을 확신한다. 마음을 주는 선물을 간직하고 있으니까. 물론 그때의 밥주걱은 지금도 잘 간직하고 있다.

철 없던 때의 작은 아들의 선물도 가슴속에 곱게 접어두고 있다. 5년 전 어버이날 대문 밑에 넣어둔 카네이션 두 송이와 짧은 몇 줄의 글, 집 가까이에 있다는 그때의 안도감과 다행스러움과 대견함, 분명한 작은 아들의 글씨를 보고 또 보고 참 많이도 흐느꼈던 기억이 난다.

앞으로는 나는 어떤 큰 선물을 받게 되더라도 지금까지의 세 가지 선물을 결코 잊을 수 없으리라.

오늘 밤에 시간을 아껴 아들이 주는 선물의 책을 읽어야겠다.

안강선

아버지

어제는 친정어머니, 동생들 부부, 사촌동생 부부, 고모님 모두 한자리에 모여 반갑고 재미난 시간을 가졌습니다. 하우스 수박농사를 짓느라 바쁘다는 핑계로 사는 게 뭔지도 모르게 지내온 것 같아 일부러 초대를 했습니다.

늘 가슴 한 켠에 아버지 살아 계실 때 그렇게나 큰딸 사는 모습을 궁금해하시던 모습이 생각나 울컥하기도 했습니다.

아버지께서는 3년 전 간암으로 갑작스럽게 돌아 가셨습니다. 친정어머니께는 아무 때나 핑계거리를 만들어 오시게 합니다. 자식들 사는 모습을 돌아 보는게 즐거우신가 봅니다. 이웃분들이 '식구들 한꺼번에 모이면 힘들겠네' 하지만 마음 편안하게 있는 그대로를 성의껏 대접해 드려야지 생각하니 즐겁기만 합니다.

아버지께서는 군 생활을 오래 하셨습니다. 강원도에서 동생과 내가 초등학교 다닐 때 제대해서 할아버지가 계신 농촌으로 오셨습니다. 우리 어릴 때는 군대식으로 새벽에 일찍 깨우셔서 마당을

쓸고, 먼 학교길 미리 준비하게 하시고 학교 마치고 집에 오면 들일, 밭일을 데리고 다니면서 가르치셨습니다. 나중에 버릴지언정 남에게 피해 주지 않는 일들은 배워야 한다고 타작이나 소먹이 풀뜯기 등을 동생과 같이 배웠습니다.

어릴 때는 따라 하느라 힘든 때도 많았지만 초등학교 시절 일기도 봐주시고 느낌이나 생각을 자유롭게 얘기하도록 잘 들어 주셨습니다. 살아가면서 어려운 일 있을 때 쉽게 포기하지 않는 것은 어릴 때 아버지의 가르치심이 큰 것 같아 늘 고맙게 생각합니다.

이제 결혼한지 18년이 되었습니다. 막상 아이 낳아 길러보니 갈수록 아이에게 해야 될 일과 하지 말아야 할 일들을 솔선수범해 보여 주는 것이 얼마나 힘든 일인가를. 나무랄 때는 호되게 하는 것도 큰 사랑이었음을 이제서야 깨닫습니다.

지금 친정에는 어머니 혼자 사과농사를 지으십니다. 남동생 내외가 자주 찾아 뵙고 있지만 더 후회하지 않도록 어머니의 주변 이야기를 자주 들어 드려야 겠습니다. 그것이 아버지의 바램이기도 하겠지요. 병원에 입원한지 14일만에 갑자기 돌아가셔서 유언을 못하셨지만 평소의 가르침인 성실하게 살으라는 말씀을 늘 마음 언저리에 두고 고비가 있을 때마다 긍정적으로 잘 풀어 나가야지 하는 다짐을 새롭게 해 봅니다.

농민 잔치

바쁜 농촌의 일상 속에서 일 년에 한 번씩 모여 서로를 격려하고 다독이는 농민후계자 체육대회가 기다려진다. 정다운 이들과 함께 하는 체육대회 행사는 농민 잔치이다. 행사 당일 날씨가 고르지 못할 것이라는 일기예보에 설마하는 마음으로 잠자리에 들었지만 밤새 사나운 비바람 소리에 염려를 하며 잠을 뒤척였다.

큰 비는 없고 개였다, 흐렸다하는 날씨를 다행으로 여기며 체육대회 행사장에 도착했다. 각 기관 단체장의 축하메세지를 들으며 준비된 음식에 그동안의 안부를 섞어 우리들은 들뜬 마음을 가라앉히며 마주 앉았다. 가끔씩 낯선 이들의 얼굴도 많지만 함께 공감하며 고충을 나룰 수 있음에 다른 것은 다 묻혀 마치 내 형제 자매같이 웃고 눈인사를 보낼 수 있는 것 같다.

농민후계자 체육대회는 장기 자랑, 신나는 밴드 소리에 아이들도 덩달아 기쁜 마음을 감추지 못한다. 특히나 요즘같은 어려운 시대에 자리를 함께한 짧은 만남이지만 농촌 젊은이들의 꿈을 키우며 강인하게 도전의식을 가지고 끊임없이 더 새로운 각오로 목표를 세워 각자 성장 발전해 나갈 수 있기를 바라는 마음 간절하였다.

동생 치건이에게

그동안 잘 지냈는지? 삶에 충실하고 성실한 너의 생활이 궁금하구나. 평소 마음은 있지만 마음 속의 느낌들을 글로 표현하는 것이 왠지 쑥스럽기만하구나. 자꾸 미루다 오늘은 네가 회사일로 외국에 나가 있으니 보고 싶은 마음도 간절해서 펜을 들었다.

지금 이곳은 가을걷이가 막 끝나가고 또 새로운 한 해의 농사 준비로 바빠질 것 같다. 비닐하우스에 거름 내고, 비료 뿌리고, 소 먹을 양식, 짚 들이고 올해는 수박하우스도 더 늘려서 일거리가 많아질 것 같애.

윤희는 나보다 키가 한 뼘 이상 더 크고 요즘 아이들같이 상황 판단이 빨라서 제법 내 친구로서 손색이 없어. 그래서 딸은 엄마한테 꼭 필요한 가봐(내 생각). 문제는 대화할 시간이 많지 못한다는 것. 아침 일직 나갔다가 저녁 늦게나 돌아오니까 달리 방법이 없을까 생각 중이야.

원희는 학교에서 돌아오면 자기 전까지 컴퓨터를 한단다. 며칠 있으면 컴퓨터 자격증 시험 보러 간대. 운동도 좋아해서 나중에 축구선수된다고 하루도 빠짐없이 반 친구들과 편을 갈라 축구를 해. TV 축구경기에도 관심이 많아. 축구선수도 하고 싶고 컴퓨터도 잘하고 싶은 가봐.

우리 어릴 때는 집안 일을 참 많이 도와 드렸는데 학교 마치면 놀이라는 것이 밭일, 논일 도와드리는 것이 다였잖아. 그래도 지내놓고나니 그런 경험으로 어려움이 닥쳤을 때 쉽게 포기하지 않는 힘이 된 것 같애. 그렇지 않니?

어떤 처지에서건 희망을 가지고 만족할 줄 아는 자세가 필요하겠지. 저번에 네가 행복이라는 것이 별게 아니라 저녁에 퇴근해 돌아와서 짧은 시간일망정 아이들과 놀아주고 서로에게 관심 가지고 따뜻한 웃음을 나누는 것이라고 했잖아.

작고 사소한 일상들을 소중히 가꿀 줄 아는 네 마음이 부럽고 때때로 나도 행복하다. 요즈음 누구나 할 것 없이 안팎으로 어려움이 많은데 선택과 결정의 순간에 조금더 생각하고 하기를 바란다.

이제 얼마있지 않으면 건강한 모습으로 돌아오겠지. 그때 만나 못다한 얘기 나누자꾸나. 귀엽고 사랑스러운 조카들, 올케 무척 보고 싶다. 그때까지 안녕.

올케에게

차일피일 미루다 답장이 늦었어 미안해. 실은 지난 편지를 받고 눈물이 말 정도로 감동을 맏아서 멋지게 답을 쓰고 싶었는데…….

사연과 함게 묻어오는 예쁜 마음과 사랑이 고마워서 난 보내지 않으면서 자주 E-mail 편지함을 열어보곤 했지. 정현, 우현은 학교와 유치원 잘 다니고 있는지 늘 보고 싶고 궁금해. 윤희, 원희는 여전히 아침 일찍 나갔다가 학원마치고 오후 늦게 집으로 돌아오고 윤희는 밥 먹는 시간보다 거울 들여다보는 시간이 더 길어졌지. 원희는 모든 사물에 호기심이 많아서 엉뚱한 질문도 많이 하곤 해. 시간이 되면 아이들과 들로 산으로 공원으로 극장으로 다니고 싶은데 이곳은 벼와 밭곡식들이 튼실한 열매를 맺기 위함인지 살랑 부는 바람에 또 한낮의 더위에도 힘찬 고갯짓을 하면서 영글어 가고 있지. 덩달아 마음도 바빠지고 자주 들녘을 돌아보게 돼.

자네 말처럼 자주 만나서 정도 키워가야 하는데, 마음 같지 않은 게 현실이라 다음을 기약해야 겠네.

부엌 창문으로 내다보이는 바깥 풍경들이 유난히 아름답다. 지금이 소중하다고 생각하니 그전엔 무심코 보아 넘겼던 작고 사소한 일상들이 나와 더 가까워진 것 같고 반갑기 그지없네. 어느 책에서 읽은 것인데 마인트 컨트롤 발상을 전환하여 자신의 내면 세계를 바꾼다는 말. 마음을 다스려 긍정적이고 밝은 삶을 지향하고, 항상 좋다고 생각하고 존재함의 기쁨을 느끼라는 말, 자주 읽고 있어.

환절기에 온 가족 감기 조심하고 다음에 만날 때까지 안녕.

윤혜숙

그리움이라는 이름

독서회의 매력

힘든 하루의 여정

여름휴가의 비애

그리움이라는 이름

친정에서 숙모의 칠순이라는 연락이 와서 내려갔더니 숙모와 삼촌께서는 칠순이 무색할 정도로 여전히 건강하시다.

칠순도 넘기지 못하고 먼저 떠나신 부모님이 더욱 그리웠다. 그리움이라도 달래보고 싶어서 산소를 찾았다. 가까이에 있는 오빠들 덕분에 산소는 참 정갈하였다.

명절 때도, 식구들이 많으니까 내가 안 가도 서운해 하시지 않을 거라는 내 나름대로의 공식에 맞춰 찾아뵙지도 않았으니 이보다 더 큰 불효가 어디 있으랴 후회가 된다.

지난해에 고속도로가 아버지 산소를 지나가게 되었다고 갑작스레 이장 이야기가 나왔을 때 식구들은 화장을 생각했었다. 마땅히 모실 자리도 없는 상황에서 결정을 그렇게 내릴 수밖에 없었다. 그러던 와중에 엄마마저 병환으로 돌아가시니 정말 난감했었다.

그때, 삼촌께서 당신의 자리 한 켠을 내주며 형님과 함께 묻히겠노라고 선뜻 나서 주셨다. 우리 식구들은 너무나 고마웠다. 화장을 하게 되면 엄마, 아빠를 영영 떠나보내는 것 같아 침울했었는데…….

산소란 남아있는 자들의 욕심이다. 당장에 나부터도 산소에 찾아뵙는 것으로 생전에 못다한 효를 대신하려고 한다.

산소에서 돌아오는 길에 엄마 친구분을 만났다. 여전히 정정하시다. 하지만 먼저 가지 않겠다고 해놓고서 훌쩍 저 세상으로 먼저 가버린 친구를 잊기엔 많은 시간이 필요했다는 말씀에 눈시울이 뜨거웠다.

"집에 놀러 가면 너를 참 많이 기다리더라."

멀리 있지만 온다는 말만 나오면 그렇게 좋아하면서 기다리더란 그 말씀에 나는 결국 참았던 눈물을 쏟아내고야 말았다.

살아계실 때 한번이라도 더 찾아뵙지 못한 것에 대한 후회가 눈물이 되어 쉼없이 흘러 내렸다. 다음에 엄마 산소를 찾을 땐 꼭 엄마께 용서를 빌고 오리라.

더불어 삼촌께도 한 번 더 고마움을 전하고 싶다. 엄마, 아빠를 만나서 용서라도 빌 수 있도록 해주심을 감사히 여기며 못다한 효를 삼촌과 숙모께라도 다 하고 싶다.

두 분 오래오래 건강하게 사시길 빈다.

독서회의 매력

주부 독서회에 가입한 지도 일 년이 넘었다.

일 년이라고 해야 한 달에 한 번이니 열 두 번이 조금 넘지만 그 횟수에 비해 참 많은 것들을 배웠다.

독서회와의 첫 만남은 우연찮게 시작되었다. 가끔씩 들르는 서점에서 책을 뒤적거리던 내 모습을 본 주인이 독서회에 대해 이야기해 준 것이 계기가 되었다. 여럿이 함께 책에 대해 이야기 나누는 모임이 있으니 함께 공부해보자고…….

책은 그저 사서 읽으면 그만인 것이지 모임이 왜 필요할까 싶어 몇 번 거절을 하였다. 그러다가 마침 하던 일을 그만 두게 되어 가입하였다.

독서회 모임은 한 달에 한 번 지도 선생님께서 추천해 주신 책을 읽고 각자의 생각을 자유롭게 토론하는 형식이다.

똑같은 한 권을 책을 읽고서도 개인마다의 느낌은 다르다. 한 사람 한 사람이 각자의 느낌을 쏟아낼 때면 그 책이 마치 내가 읽었던 책이 아니고 다른 책인 듯 착각에 빠진다. 괜스레 책을 한 번 더 뒤적거려보고 또 책 전체 내용을 함축하고 있는 문장이라도 나올라치면 밑줄을 긋고 흥분을 감추지 못할 때도 있다.

너무나 당연한 말들조차 그 순간, 그 상황에서는 평상시와는 다른 힘을 가진다. 마치 가슴을 누르는 듯한 힘이다.

그렇게 서로의 이야기를 다 나누고 나면 마지막으로 지도 선생님께서 추천 도서에 대해 멋진 마무리를 하신다. 한 권의 책에서 전달하고자 하는 것이 무엇인지 명쾌하게 정의를 내려주실 때면 마치 작가의 마음 속에라도 들어 가 있는 듯한 기분이 든다.

이후 나의 독서 습관에 변화가 생긴 것은 어쩌면 당연한 것인지도 모른다. 독서회에 오기 전까지 다 읽은 책들은 나만의 생각들과 함께 책꽂이에 꽂혀 버렸다. 그 책이 다시 내 손에 들리는 경우는 거의 없었다. 하지만 독서회 안에서 선생님과 회원들이 함께 읽고 이야기 나누었던 책들은 나 혼자 읽던 그 때의 책이 아니었다. 마치 새로운 책을 다시 보는 듯한 느낌으로 다시 한 번 다른 눈으로 책을 보게 된다.

독서의 또 다른 매력을 알게 되었다고나 할까?

그리고 독서회에서 읽을 수 있는 책들은 매우 다양하다. 매월 서로 다른 분야의 책들이 고루 선정된다. 정말 책을 좋아하는 사람들이나 읽고 싶은 책들도 포함된다. 읽을 때는 버겁기도 하고 머리가 무겁기도 하지만 다 읽고 나서의 성취감도 그만큼 커진다.

좋아하는 종류의 책만 고르고 보던 습관에서 이젠 다양한 종류의 책을 읽는 것. 그게 독서의 수준을 높이는 또 하나의 길이 아닐까 한다.

그러기에 독서회에서 그 달 그 달 함께 읽었던 책은 왠지 친근감이 간다. 책 속의 내용뿐만 아니라 우리 회원들과의 소중한 시간들이 묻어 있기 때문은 아닐까? 책장에 이런 인연이 담긴 책들이 많아질수록 내 마음은 넉넉한 부자가 되어갈 것이다. 함께 하는 이들의 따뜻한 마음, 함께 읽은 만큼의 풍부한 생각이 우리 독서회 안에 있다.

독서 회원들이 책을 가까이 하고 책을 사랑하는 것처럼 나 또한 책을 펼치는 우리 회원들의 손길을 아주 많이 사랑한다.

힘든 하루의 여정

시아버님의 병세가 더는 미루어서 안 되겠다 싶어 서울 삼성병원으로 가기로 결정하였다. 좁은 차 안에서 장시간 앉아 가시기가 무리일 것 같아 앰블런스를 부르고 우리는 승용차로 출발하였다.

6년 전 대구의 한 대학병원에서 혈관수술은 어렵다며 서울 삼성병원을 추천해 주었다. 다행히 삼성에서 시아버님의 인공혈관 수술이 성공하여 건강을 회복하셨는데…….

사람은 건강할 때는 건강에 대해 무관심해지는 것인가 보다, 그런 사이 세월은 흐르고 병색은 조금씩 조금씩 짙어 가는 것 같았다. 바쁘다는 핑계를 대는 사이 무심한 세월은 또 한 해, 두 해 훌쩍 흘러 가버렸다. 그렇지만 이젠 도저히 더는 미룰 수 없다고 판단해서 서둘렀다.

처음 수술도 예약 후 3개월을 기다렸었다. 그것도 서울을 몇 번이나 왕복한 후의 일이었다. 그래서 이번에는 무작정 응급실로 달려가기로 했다. 아는 사람이라곤 아무도 없는 삼성병원에 입원하려면 이 길 밖에 없는 것 같았다.

전화 문의를 하였더니 응급실에 오더라도 언제 입원할 수 있을지 모르니 예약을 먼저하고, 진료받은 뒤에 내원을 하라고 친절하게 설명해 주었다. 환자 상태가 왔다 갔다 할 상황이 아니며 거리도 너무 멀다고 사정을 해 보았다.

그러나 이미 정해진 멘트를 읊조리는 듯한 안내원의 기계적인 음성에 내가 원하는 답은 기대할 수가 없었다. '설마 병원에 온 환자를 내치기야 하겠나' 하는 막연한 기대를 안고 삼성병원으로 출발했다. 먼저 출발한 우리보다 앰블런스가 먼저 도착했다면서 아버님을 모시고 들어갔다. 응급실에 들어서자 '보호자 대기실' 이라고 적혀있는 곳으로 눈길을 옮기는 순간 어느 병원에서나 볼 수 있는 장면이 아니기에 잠시 어리둥절하였다. 대기실 의자들은 링겔이 기본으로 두세 개는 달고 있는 환자들의 침대가 된지 오래된 것 같았다.

보호자 대기실이 아니라 환자 대기실이라고 해야 옳을 것 같았다. 멀쩡한 보호자가 한숨 돌리며 앉아 있을 곳은 없었다. 이런 상황에서 제대로 검사라도 받을 수 있을지 은근히 걱정스러웠다. 그러나 접수 후 호명하는 것을 보니 검사는 해 줄 모양이었다.

이곳저곳 검사받을 곳으로 열심히 휠체어를 밀고 다녔다. 검사할 때마다 부축해서 일으켰다 눕혔다 익숙하지 못한 동작들 때문에 아버님도 나도 몹시 힘들었다. 남편이 오른팔을 깁스한 상태라 도움을 받지도 못하니 내가 더 바쁘고 힘에 부쳤다. 그런 와중에도 담당의사와 간호사는 기초 자료를 위한 질문을 짜증이 날 정도로 반복해서 묻고 또 물으며 체크해 갔다.

그렇게 어느 정도 바쁜 시간이 지나고나니 무질서하게만 보이던 응급실 상황들이 점점 눈에 익숙하게 들어 왔다. 그때서야 일사분란하게 움직이는 그들의 모습이 몸에 밴 듯 자연스럽다는 것을 느낄 수가 있었다.

그런데 갑자기 배에서 꼬르륵 꼬르륵 야단이 났다. 일찍 서둘러 오느라 아침부터 아무것도 먹지 못해서였다. 번갈아 지하에 있는 식당에 내려가서 때늦은 아침 겸 점심을 먹고 한숨을 돌렸다. 그 사이에 혈관 담당의사의 순회 진료가 있었다. 인턴을 너댓 명 거느리고 위풍당당하게 등장한 의사가 리스트와 아버님을 보시더니 "무조건 입원하셔야 되겠어."하시며 지시를 내리셨다.

남편이랑 나는 절로 튀어나온 "감사합니다."라는 인사말과 함께 입원수속을 밟았다.

특실로 가면 내일 병실로 옮길 수 있다는 말에 흔쾌히 승낙을 했다. 많은 날을 기다릴 수가 없어서 무작정 달려 온 결과치고는 괜찮았다.

서울은 경쟁이 치열한 곳이라고는 하지만 병원조차 경쟁을 치루어야 한다는 사실에 한 번 더 놀랬다. 생각보다 일찍 입원결정이 났기에 모든 걸 병원과 어머님께 맡기고 또 먼 길을 되돌아 내려 왔다.

남편의 성하지 못한 팔 때문에 운전은 또 내 차지가 되었다. 설상가상으로 황간쯤 내려오니 어둠에 비까지 쏟아졌다. 열흘 동안 계속된 비가 조금 그치는가 싶더니 말 그대로 퍼부었다. 어둠을 동반한 비라 더더욱 무서웠다.

비상등을 켜고 신경을 집중하여 보이지도 않는 차선을 짐작해가며 천천히 운전하였다. 다행인 것은 김천쯤에 오니 거짓말처럼 환해지면서 가는 빗줄기로 바뀌었다. 운전하기가 훨씬 수월해졌다. 집이 가까워지고 있다는 안도감도 마음을 가볍게 해주었다.

늦은 시간 집에 도착해보니 긴장이 다 풀어지면서 몸이 바닥으로 스며들 것만 같았다. 힘든 몸을 편히 쉬게 할 수 있는 집이 있음에 더 없는 행복감이 밀려왔다. 달콤한 꿈으로 오늘의 피로를 모두 풀어보려 한다. 새벽부터 늦은 시간까지 몸도 마음도 너무나 힘든 하루의 여정이었다.

여름휴가의 비애

올해는 유난히 덥다. 마른장마라는 생소한 이름을 달고 날씨가 우리를 볶는다. 비도 오지 않으면서 습기가 많아 후덥지근하다. 에어컨 없이 버티어 보려하지만 움직일 때마다 끈적임 때문에 짜증이 절로 묻어난다. 밤에도 타임이 해제되고 에어컨이 꺼지면 또 잠이 절로 깬다. 리모콘을 부여잡고 사는 기분이다.

올해도 바리바리 사들고 바캉스를 떠나는 모습들이 연이어 텔레비전에 비친다. 바다와 산으로 물을 만나러 모두들 떠난다. 해마다 휴가 때면 애들이랑 멋진 여행을 꿈꾸며 관광지를 다녔었다.

물 아닌 곳은 땀으로 온몸을 적셔가면서 구경해야 했다. 휴가를 내식대로 짜면서 식구들을 괴롭힌 것 같아 올해는 꼭 물로 가서 제대로 된 휴가를 보내자고 달랬다.

바다는 해파리들이 너무 많이 떠다녀서 싫다고 한사코 안가겠다는 막내 때문에 포기했다. 스파벨리는 몇 번 가고나니 식상하다는 딸애 때문에 경주 캘리포니아 비취로 정했다.

홈페이지에 장식된 멋진 사진들을 보니 전부가 다 재미있을 것만 같았다. 한껏 부푼 가슴을 안고 느긋하게 출발하였다.

어! 그런데 이상하다. 입구에 차가 많이 없네. 다들 바다로 갔나, 우리가 빨리 왔나, 어쨌든 야호! 신난다. 그러나 웬걸 주차장에 들어서니 땡볕 아래서 반짝이는 자동차들의 끝없음이여……. 몇 바퀴를 돌아 겨우 주차하고 오니 차 만큼이나 사람들 또한 아득하다.

오 맙소사~ 14줄로 끝없이 늘어선 줄은 도무지 줄어들지도 않고 사람들의 땀 냄새만이 코를 찌른다. 휴가 기분내느라 입은 딸랑 반바지 밖으로 삐져나온 다리는 햇빛에 따끔거린다. 부채로 수건으로 가려보지만 짧지 않은 다리가 원망스럽다.

10분 뒤면 종일권 표가 매진된다고 연신 떠들어댄다. 하지만 내것까지는 되지 않을까 조마조마 기다리는데 결국 줄은 줄어들지 못하고 오후권으로 발매를 해야 되는데 대기표를 받아 가란다.

이제 11시인데 3시가 되어서 그것도 안에 있는 사람들이 나와서 락커가 비워지면 갈 수 있단다. 도투락 월드에서 놀이 기구 3가지 타면서 4시간을 기다리란다. 헉! 1시간에 놀이기구 한 가지 쩝쩝……. 참고로 놀이기구 한 가지 타는 시간은 보통 1분에서 3분이다. 나머지 그 많은 시간 어디서 어이 보낼꼬. 그래도 이쯤에서 포기할 우리가 아니지. 겨우 네 식구 시간 맞춰 마음 맞춰 여기까지 왔는데 그나마 도투락 월드엔 무성한 나무들이 푸르름을 자랑하고 있었다. 그늘을 빌려 자리에 누워 있으니 시원한 바람이 제법 위로해준다.

줄도 없는 놀이기구 배당받은 만큼 다 타고 오니 아직도 시간은 제자리를 걷고 있다. 그래도 더디게만 가는 시간이 멈추지 않고 가니 3시가 곁에 와 있다. 또다시 땀냄새 풍기는 줄에서 거금주고 티켓을 끊었다.

문 닫을 때까지 놀면 5시간은 놀 수 있다고 서로를 위로하며 사람들에게 떠밀려 탈의실로 갔다. 들어가기만 하면 모든 행복이 내 것인줄 알았는데 사람들이 지나간 자리는 결코 행복한 미소를 자아내게 하지는 못했다.

고생고생 끝에 들어왔더니 몸에 물도 적시기 전에 놀이 기구 타려는 사람들의 꼬불꼬불 끝없는 줄만이 시선에 잡혔다. 어딜 가도 줄 줄 줄! 짜증스럽기만 하다.

홈페이지를 근사하게 장식한 놀이기구 타보려고 한 시간도 넘게 대형 보트를 들고 줄을 서고 높은 곳까지 이동하니 겨우 우리 차례가 왔다. 설레는 가슴 안고 출발을 외치는데 오 하느님 보기와는 너무도 생생한 속도감! 지구가 별똥별이 되어 우주로 사라지는 줄 알았다.

긴 기다림과는 너무도 짧은 찰나의 시간. 하지만 너무나 아찔하여 숨이 탁 막혔다. 놀란 가슴 달랠 겸 잔잔한 파도타기하면서 놀기로 했다. 군것질하는 재미도 솔솔하지만 길게 늘어선 줄 때문에 포기하고 입장료 본전 생각으로 돌아와 열심히 물에서 놀았다.

즐거운 시간도 멈추는 법이 없이 잘도 간다. 해가 꼴딱 넘어가고나니 물에서 빼앗긴 체온이 쌀쌀함을 더한다. 본전 생각보다 따뜻함이 더 절실하여 온천욕하다 샤워실로 갔다.

남편과 아들은 벌써 나와서 기다리고 있었다. 빨리 씻고 나오라는 아들의 짜증 묻은 소리를 뒤로 하고 오자니 갑자기 마음이 급해진다. 하지만 나의 급한 마음과는 달리 여기도 샤워소리에 뒤섞인 줄, 줄, 줄……. 흑흑. 하지만 우짜노. 순서를 기다려 대충 씻고 락커로 갔다. 락커에서 토해낸 물건들이 네 것, 내 것이 뒤섞이고 썰물과 밀물처럼 밀려오고 밀려가는 사람들 속에서 나의 정신도 밀물과 썰물이다. 왠지 허전함을 느끼면서 차를 탔는데 자꾸만 불안했다.

아까부터 한쪽 어깨가 허전했는데? 한참을 고생과 재미있었던 것을 재잘거리다 주위를 돌아보고 기절하는 줄 알았다. 꺅! 내 핸드백!! 끼이익! 남편 차 세우는 소리와 동시에 유턴. 떨리는 손가락으로 전화하고 나지 않는 생각을 끄집어내느라 머리가 빠개지는 줄 알았다. 도대체 어디서부터 허전했는지 내 머릿속은 온통 하얗게 변해버렸다. 지갑에 들어있던 현금과 카드가 눈에 아른거린다.

이런! 오늘따라 통장까지 가지고 왔네. 통장엔 현금이 얼마 들었더라 비번을 뒤쪽에다 적어 두진 않았나 온갖 생각들이 뒤죽박죽이다. 입구에서 핸드백을 두고 나왔다고 들여보내 달랬더니 비상문을 열어 주었다.

왔던 길을 차근차근 가면서 확인했다. 없다. 마지막으로 락커로 뛰었다. 아직도 락커에서 토해낸 물건들이 뒤섞여 있고 사람들은 저마다 왔다갔다 분주하다.

갈 곳 잃은 가방은 주인이 오기를 기다리기라도 하는 것처럼 그 자리에 그대로 앉아 있었다. 오! 하느님 이렇게 감사할 수가, 이 반가움을 어찌 표현해야 두근거리는 가슴을 진정시킬 수 있을까? 그때서야 유턴해서 돌아오면서 온갖 잔소리 다 뱉은 남편에게 한마디 복수하고 싶은 마음이 불쑥 솟았다. 하지만 가방 다시 찾은 것으로 만족하고 잔소리도 달콤하게 받아 들일려고 한다.

올 여름은 유난히 덥지만 휴가 또한 유난스럽게 보낸 것 같아 아찔하기만 하다.

이성자

말 거는 술패랭이처럼

화전과 매화차

가죽나무꽃 피우다

노간주나무

나에게 천사 친구가 있다

말 거는 술패랭이처럼

여름이 시작될 무렵이라 팔공산의 공기는 초록의 향이 더 진해진다. 문득 서산으로 고개를 돌린 석양에 어우러진 저녁놀에 대한 그리움, 순간순간 살아가지만 비슷한 환경에 놓이게도 되지만 똑같은 순간은 우리에게 한번도 존재하지 않는 듯 하다. 봄은 깊어가고 여름이 성큼 다가온 이 때 향기로운 술패랭이가 곱게 피어나 상처받은 마음까지 어루만져준다.

야생초는 작은 미소로 작은 사랑으로 바람 따라 피고 바람 따라 지면서 그렇게 피었다가 은현(隱顯)의 꿈은 작은 새나 풀벌레, 나비에게나 보여주며 맑은 이슬 머금고 피어나는 꽃이다. 야생초란 누가 보아주지 않아도 저절로 나고 자라는 풀꽃이지만 그 꽃들이 요즈음은 멸종 위기에 놓인 게 현실이다. 또 설령 지천으로 가득하다하여도 이름조차 모르는 우리 것에 대한 우리들의 무관심 속에 꽃이 꽃으로 보이지 않는 탓도 있다. 그런데 야생초 매니아들은 야생초의 잊혀져가는 이름을 불러줌으로서 한 송이 꽃으로 다시 태어나게 한다.

강물은 복사꽃에게 자꾸 말을 걸고 싶나보다. 술패랭이가 앉은 마당에 오후에 햇살이 살포시 날아와 앉고 앞산이 넉넉한 가슴으로 넓게 펼쳐져 있는 정경이 너무 아름답다. 운무라도 내려와 앉는다면 녹차향 가득 피어올리고 싶은 아늑한 이 공간 속으로 빠져들듯 아름다운 집은 야생초로 가득 차 있다. 처음 와 본 이 집이 오밀조밀 자연스레 배어있는 자연 친화적인 집 분위기 탓에 낯설지가 않다. 나지막한 야산 아랫도리에 작은 마을이 있고 입구에는 오래된 정자나무가 턱 하니 버티고 서 있어서 아래 위로도 산으로 채워져있는 것이 대구 시내와는 공기부터 다르다.

여린 속살 같은 나뭇잎들이 사랑의 손길 눈길 마음으로부터 피고 진다. 안으로 깊어지는 사람이 되는 일, 또한 야생초는 단아한 안주인의 모습을 많이 닮아 있는 것 같이 여겨진다. 그 지극한 사랑에 야생초는 잔디 속에서도 아름답게 자란다. 여인의 아름다움과 집의 아름다움 이 모두가 애정으로 빚어진 정교함에서 자기 것의 아름다움을 볼 줄 아는 눈이 길러지는 것이다.

고샅을 지나는 순간 눈에 들어온건 백두산 만병초인데 허리 높이의 키를 자랑하며 우두커니 서 있고, 그 주위를 좁쌀풀이 화분에 담겨 있다. 주걱비비초, 물버들, 큰방울새란, 산수국, 한라산미나리아제비. 마삭줄, 할미꽃 등이 마당 왼쪽을 가득 채우고 있다. 그 안쪽에 골든 리트리버와 퍼그 애완견 두 마리가 주인을 알고 살래살래 꼬리를 친다. 그런데 낯선 우리에게는 마냥 경계를 늦추지 않는다.

두메달맞이꽃이 자리한 옆에 매발톱조름이 자리하고, 제일 작은 수련이 맷돌과 작은 정원을 닮은 하늘정원 속에서 자라고 있다. 철쭉, 노드리비프스는 제주도 화산석에 낮은 꽃의 화려함으로 피어나고, 백두산 오이풀은 도도한 야무짐을 자랑이라도 하듯 물기를 머금고 푸른 빛을 더 한다. 아직 시기가 조금 이른 금낭화와 조팝나무의 화려한 꽃의 흔들림이 마당 안쪽에서부터 향기로 피어난다.

수생식물인 올미, 술패랭이꽃이 소담스레 작은 동산에 하늘 가득 피어나 화려하지는 않지만 너무도 정겨운 모습에 하나하나의 매력에 심취할 수밖에 없는 것 같다. 그 밖에도 매발톱, 미나리아제비, 옹기종기 항아리병꽃, 상사화, 캐나다산 구절초인 사스다데이지가 한껏 자랑을 뽐낸다.

상사화는 9월 말에서 시월 초에 꽃이 한창이다. 상사화를 보는 순간 잎과 꽃이 절대로 만나지 않는다. 즉, 님을 만나지 못한 그리움이 상사화로 피었다는 설화가 문득 떠오른다. 고창 선운사 뒤안

길에 무리를 이루고있는 꽃무릇, 너무도 친숙한 이름인지라 다시 한번 더 바라보게 된다.

벌개미취는 국화과의 미역취와 비슷하게 생겼고 쑥부쟁이 종류이다. 집을 한 바퀴 에워싸고 있는 야생초 천국에서 뒤안으로 자리를 옮겨보면 사철나무, 대추나무, 감나무, 가실쑥부쟁이가 집 모퉁이에 가득하고, 뒤로는 팔공산이 손때 묻지 않은 자연의 모습 그대로 있다. 참나리는 백합과의 꽃이고 애기원추리들 틈 사이로 뻐꾹나리가 있는데 어디에도 발을 헛디뎌서는 안될 곳이어서 조심스럽다.

모든 살아있는 풀과 나무에도 생명이 있다는 것을 다시 한번 되새기는 그런 마음이 든다. 잡풀을 뽑을 때에도 함부로 뽑지않는 주인의 마음을 우리도 닮아야하지 않을까? 잡초도 한꺼번에 뽑으려면 힘이 든다. 매일 눈에 띄는대로 조금씩 뽑아내어야 힘이 덜 든다. 그리고 내 마음에 잡념도 한꺼번에 덜어내려면 너무 힘이 들고 상처투성이가 되지만 그날 그날 반성하고 잡념을 제거하면 마음의 평온과 반복된 실수를 줄 일 수 있는 것 같다. 우리는 이기심의 그늘에 가려 떫고 신맛이 나는 것들을 너그러움의 단맛들이고 잘 영글게 하여 제 빛을 내게 하고 싶다.

가을이면 야생초가 더 짙은 향기로움으로! 가을 이야기를 키워

낼 것이고, 석류나무에는 잘익은 붉은 열매가 주렁주렁 매달릴 것이다. 가을의 뜨락에 서면 왠지 모르게 우리는 겸손해진다. 도로에는 빨강, 하양, 분홍 코스모스들이 바람에 한들대며 안녕하며 손짓하고 풍성한 들녘 끝에서는 볏섬이 쌓여가는 모습에서 농부에게 미소를 주듯이 가을 들녘은 황금빛으로 물이 들 것이다.

밝게 빛나는 꽃봉오리를 바라 보며 풀꽃들의 젖줄이 되어 주는 이 한줌의 흙이 참으로 소중하고 소중하게 여겨진다.

화전과 매화차

이른 봄 양지바른 돌틈 사이로 제비꽃이 피어난다. 보랏빛 꽃망울이 너무 앙증스럽다. 아무도 보아주지 않아도 저 홀로 피어나 저 홀로 지는 꽃 향기마저 미미하다. 아직은 설익은 봄인지라 바람이 칼날같이 매섭다. 그래서 더 가슴 속에 보석처럼 담아 두고픈 꽃인지도 모르겠다. 봄이 왔음을 누가 말하지 않아도 스르르 풀리는 강물이 말해주고 스치는 바람이 말해주어 씨앗이 움 트고 자라는 이치를 나는 오래도록 되새김해서 보았다.

문득 무료하다고 느끼는 순간 누군가의 발자국 소리에 귀가 쫑긋해진다. 늘 곁에 있으면서도 서로를 잘 알지 못하기에 아니 관심있게 보려하지 않았기에 강물이 흘러가듯 그냥 다가서기 서먹해서 강 건너 불구경하듯 늘 방관만 해오던 나에게 함께 봄을 먹어 볼 수 있는 기회를 준 것은 너무도 감사한 일이다.

화창한 봄날에 그냥 보내기에는 너무도 햇살이 해맑아서 아쉬운 이때에 전 김문숙 회장님 가게에서 김성경씨와 이순악 명예회원님, 허미자 명예회원님, 배정원 명예회원님, 박정실 회장님 등 여러 회원들이 모여 화전을 부쳐 먹게 되었다.

뜬금없이 왠 화전 그러겠지만 전 속에서 연분홍 꽃잎이 피어난다. 동그란 찹쌀반죽에 진달래꽃이 전 속으로 사뿐히 내려앉는 순간 투명한 속살에 연분홍 치마를 걸친 듯 화전이 피어난다. 한 폭의 동양화가 그려진다.

이를 지켜보는 이들의 눈 속에서도 반짝이는 광채가 진달래 꽃잎으로 가득하다. 김소월의 시가 문득 떠오른다. 내 나이쯤에 요절한 그는 부인과 함께 동반음독자살을 했다. 왜 그랬을까 주옥같은 그의 글들만 보자면 나는 이해할 수 없다. 죽음을 결심할 정도로 그에게 어떤 절박함이 있었기에 그런 결심을 할 수 있었는지를. 많은 생각을 머릿속 가득 헤집으며 눈앞에 놓인 꽃을 신기한 듯 바라본다.

진달래 화전에 곁들여 매화차를 만들어 먹는다. 더운 물에 매화 꽃잎을 찻잔 속에 떨구니 토옥하고 터진다. 향기로 퍼지고 처녀의 봉긋한 가슴이 벌어지듯이 봉우리들이 일제히 맑고 투명하게 꽃을 피워낸다.

욕심이 많은 나는 매화 송이를 서너 개쯤 넣어야 제 맛인걸 모르고 다섯 개를 넣고 하나를 더 넣었더니 매화의 강렬한 향에 이

맛살을 조금 찌푸려야했다.

춘삼월의 매화에 화전이니 이 모든 것을 준비한 전 김문숙 회장님 얼마나 고생하셨을까. 이 꽃잎을 따려고 할 때 도로가의 진달래는 먼지가 많이 묻어있을 거라며 이 댁 아저씨는 도로가에 차를 대고 일부러 산 중턱까지 올라가서 진달래꽃을 함께 따 왔다고 한다. 안 보아도 비디오란 말이 이때 생각난다. 아저씨 눈에 김문숙 회장님이 얼마나 이쁘게 보였을까. '이십여년을 살고도 아직도 소녀라니.' 진달래를 따고 더 이른 봄 고령초등학교 운동장가 정원에서 매화를 한 송이 두 송이 따서 깨끗하게 씻고 물기를 제거한 뒤 맑고 투명한 유리병에 담았을 김문숙 회장님의 어여쁜 마음이 새삼스레 느껴진다. 고운 마음이 담긴 진달래 화전과 향기로운 차 한 잔에 이 순간 얼마나 행복하던지. 행복은 행복을 전달한다고 한다. 슬픔은 슬픔을 전달하고 이왕이면 전자쪽이 훨씬 낫지 않을까. 난 행복을 주고 싶다. 웃음 바이러스를 김문숙 회장님은 이 자리에 모두에게 준 것이다. 김성경씨도 이날 만큼은 소녀 같이 웃고 있었다.

화전을 처음 부쳐보는 나와 김성경씨는 마냥 즐거웠다. 대나무 소쿠리에 솔잎을 깔았고 그 위에 놓인 화전은 다시 없이 우리에 눈을 사로 잡기에 충분했다. 꿀에 콕 찍어서 한입 베어 물었더니 입안에서 진달래가 꿀 속에 녹아나고 혀끝에서 부드럽게 그리고 찹쌀 특유의 쫀득함이 쫄깃쫄깃했다.

내 어린 시절에만 해도 봄이면 뒷동산에 올라서 진달래 꽃망울을 따 먹곤하였다. 한참을 정신없이 먹다보면 친구의 입가나 내 입가에는 퍼렇게 보랏빛으로 물이 들곤 하였다. 그 시절이 이십여 년이 지난 오늘 진달래를 보며 너무나 그립다. 그때 같이 놀던 친구들은 다 어디가고 모두들 어딘가에서 나처럼 그리운 회상을 하며 잘 살고 있으리라 믿으며 온 산이 진달래로 붉게 물이 들면 늘 그리운 기억이 맴을 돌았었는데 오늘 화전을 구워 먹으면서 새삼 추억까지도 함께 먹은 양 배가 부르다. 행복하다. 거짓된 웃음이 아닌 마음속에서부터 웃음이 번진다.

명예 회원분들과 종종 곁에 있다 보면 참 많은 것을 배우게 된다. 내가 모르는 또 다른 어른들의 세계를 엄마 같이 때로는 언니 같이 참 좋다. 포근함이 있어서 내 사사로운 잘못쯤은 한 눈 감아 주시는 너그러운 마음이 있기에 가능한게 아닌가 한다. 앞으로 나뿐만 아니라 모든 주부독서회 회원들이 한자리에 어울리고 서로 주고 받는 깊이 있는 사랑을 하면 더 정들지 않을까 가늠해보며 오늘 이 화전은 너무너무 매력적이라 내 두 딸에게도 한 입씩 먹이고 내 반쪽에게도 애교 부려 얻어다 먹여주니 우리 집에까지 웃음 바이러스가 전염이 된 듯하다.

세상에는 많은 사람들이 있고 작은 인연도 소중히 할 줄 아는 사람은 모든 사람을 관심있게 대하므로 서로를 잘 이해할 수 있지만 스치듯 스쳐가는 인연으로 인하여 마음 아파할 일도 더러는 있지만 소유하지 않는 사람은 늘 마음이 부자인 탓에 사랑을 주기만 하여도 배 부른가보다. 고독한 날에는 모든 것들이 투명하고 아름답게 보인다. 내 주위에 있는 소중한 사람들이 예전에는 미처 보이지 않더니 내가 한발자국 떨어져 바라보니 이제야 보인다.

거목 밑에 있을 땐 둥치뿐이 안보이더니 좀 떨어져서 보아야 나무가 보이듯 내 주위에 인연 또한 그런가보다.

봄이 익어가는 계절에 예쁜 추억 한 페이지를 곱게 장식한 화전에 매화차가 가없이 싱그럽기만 하다. 사월 초 마음까지도 따뜻해지는 봄날에 낡아서 흙먼지 냄새가 그리워지는 추억 속으로 살포시 기대어 앉는다.

2007

가죽나무꽃 피우다

나이 서른다섯에 처음으로 '원추화서(圓錐花序)'를 보았다. 마당 한 귀퉁이에 오래 전부터 있었던 이 나무는 고목이지만 아직은 젊음을 그대로 유지하고 있는 생명력 있는 가죽나무이다. 가죽나무를 산춘수(山椿樹)라고도 한다.

계절은 또 그렇게 흘러 여름을 보내기 아쉬워하고 가을을 재촉하는 듯한 비가 보름간에 걸쳐서 내리고 있다. 한 방울씩 떨어지던 굵은 빗방울들은 자잘한 나뭇가지에 부딪쳐 부서지고 또 부서져서 방울방울 튕겨진다.

마당은 오래도록 내린 장마 탓에 질러 물컹물컹하고 웅덩이가 깊게 패여 버렸다. 가죽나무의 가지 끝에 대롱대롱 매달려 긴 장마에도 꿋꿋하게 꽃을 피우는 밝은 연두빛에 흰빛이 감도는 원추화서를 보고 나는 감탄하지 않을 수 없었다.

모진 땅 척박한 땅에서 더 잘 자라는 게 꼭 나를 닮은 듯하다. 나처럼 바다도 좋아 하니 해풍이 불면 더 잘 자란다는 이 나무는 정말 내 성정과 꼭 같다. 그리고 내 소갈딱지가 밴댕이라 욱하는 나를 얼러고 달래주듯, 어린시절 신약이 귀할 적에 배앓이나, 고기 먹고 체한 데는 그만인 이 나무의 뿌리와 잔가지를 달여서 민간요법의 약재로써 널리 쓰였던 것으로 어렴풋이 기억한다.

가죽나무의 사전적 의미는 "〔가:중—〕〔假—〕〈명사〉≪식물≫ 쥐손이풀목 소태나무과 낙엽활엽교목. 가짜죽나무라는 뜻이며, 가중나무, 또는 가승목(假僧木)"이라고도 한다. 높이 10~20m. 나무껍질은 회갈색이며 평활하고 오랫동안 갈라지지 않는다. 잎은 어긋나고 홀수 깃꼴 겹잎이며 작은 잎은 13~25개이다. 꽃은 2가화(二家花)로서 5~7월에 백록색으로 피며 가지 끝에 원추꽃차례를 이룬다. 꽃받침은 5개로 갈라지며 5개의 꽃잎은 끝이 안으로 꼬부라진다. 수술은 10개이고 5심피(心皮)로 된 씨방의 암술대는 5개로 갈라진다. 시과(翅果)는 연한 적갈색으로 3~5개씩 달리고 중앙에 1개의 씨가 있다. 정원수 · 가로수로 재식(栽植)되며 잎은 양잠용(養蠶用), 뿌리와 껍질은 약용한다. 한국 · 중국 · 일본 · 유럽 등지에 분포한다.

창밖에는 항상 그 자리에 오도커니 가죽나무가 서 있다. 암수가 따로인데 이 나무는 나처럼 암컷이어서 어딘가에 있을 숫나무를 봄, 여름, 가을, 겨울할 것 없이 늘 바라만 볼 뿐인데도, 어째서 저렇게도 탐스런 꽃을 백여 일간 피워 낼 수 있는지…… 또 그 꽃을 소중히 간직해서 열매로 만들어낼 수 있는 건지. 어리석은 나로서는 아직은 해석불능이다. 아무리 생각해 보아도 나무는 그냥 나무일 뿐인데 산춘수는 나무로서 한 몫을 톡톡히 해 내는 듯 하다.

이른 봄이면 녹록하지 않은 살림에 새잎으로 빈 찬그릇들을 채워주고, 가지와 뿌리는 뿌리대로 우리에게 약재를 주니까 참 고마운 나무다. 이 나무를 생각하면 아낌없이 주는 나무가 생각난다.

남편은 세계 제일의 천연 향신료라고 소문난 어린 재피 나뭇잎에다가 산춘수 새잎을 넣어 고추장에 빨갛게 버무린 가죽김치를 좋아한다. 같은 경상도 사람이라 그런가보다. 입안을 개운하게 하면서 위장도 따뜻하게 보호하니 자꾸자꾸 먹고 싶어지는 것일 게다. 또 어린가죽 잎을 찹쌀가루에 양념을 넣고 반죽하여 그늘에서 봄바람에 말린 가죽자반을 참 좋아한다. 자반을 튀겨내어 놓기가 바쁠 정도다. 우엉 잎이랑, 깻잎, 김도 이때 함께 채반에 올려놓고 그늘에서 말려서 자반으로 같이 만든다. 자반을 만들 때면 늘 먼 곳에 계신 친정어머니가 함께 있는 듯하다. 어린시절을 더듬게 되니까 말이다.

유년시절 하교길에 오를 때쯤이면 들일을 마치고 돌아오신 농사꾼의 아낙은 항상 해가 뉘엿뉘엿질 때에 손길이 더 바빴다. 그래서 작은 고사리손이라도 아쉬웠는지 어차피 여자는 커면 살림을 잘 살아야 한다고 이것저것 만드는 재료며 만드는 방법을 알려 주고는 하셨다. 장독은 어떻게 관리해야 장맛이 변하지 않고 그 맛을 지킬 수 있는지……. 또 이런 자반은 반죽이 중요한데 어떻게 맞추어야 제대로 맛을 살릴 수 있는지 항상 조근조근 알려 주었다.

'지금은 그 방법을 알아도 제대로 된 음식을 만들어 먹지도 않은 게으른 딸을 아마도 어머니는 아실까.'

소찬이지만 내 집안에 돈 들이지 않아도 일용할 찬거리를 주는 이 나무가 마냥 소중하다.

갈잎으로 반짝이며 한해 두해 나이테를 더 해가며 몸뚱이를 불리는 산춘수가 꼬옥 나인양 세월 따라 배꼴만 늘어 간다.

어린시절 뒤 안에 있던 가죽나무는 숫나무여서 꽃을 피우는 걸 본 일이 없었다. 그러나 시집온 이곳 마당에는 암나무가 덩그렇게 자라고 있었다. 어느 날 우연히 내다본 창밖 마당 한 켠에는 난생 처음 보는 꽃이 가로등 불빛 아래에서 은은히 빛나고 있었다. 원추화서를 본 것도 불과 몇 달 전이었다. 그런데 지금은 원추화서가 대롱대롱 매달려서 태풍에도 끄떡도 않고 씨앗을 튼실히 여물어 가는 것이다. 제 무게에 겨워 꼭지를 떨굴 법도 하건만 그렇게 자신의 종족번식에 여념이 없다. 그러나 나는 어떤가. 조금만 힘들어도 쉽게 인연에 고리를 놓아 버리는 요즘의 나. 문득 저 꽃만도 못한 꽃이었던가싶은 생각에 머리가 숙연해진다.

'세월은 또 그렇게 흘러 아주 잠깐 다녀가는 이 세상이 먼 훗날 되돌아보았을 때 미련일랑 남기지 말아야지.' 하는 마음으로 추억을 되새기며 팔월에 휴가철 어느 흰 새벽녘에 바다 위로 장엄히 떠오르는 태양처럼 내 인생도 그러했으면 좋겠다.

삼사를 돌아보던 어느 날 계룡산 갑사 오르는 길에 오른쪽 오솔길 개울물 비켜 선 자리에 시비에 새겨진 박희선(朴喜宣)의 「지비」를 본 적이 있다. 개울물은 콸콸콸 흐르고 시비는 저 홀로 오도카니 서서 암자를 오르는 행인들의 발길을 유혹한다.

떠뜨미지근한 달밤이걸랑
차라리 환히 비출 새벽이여라.

오래토록 생각나게 하는 시귀이다. 「지비」는 민족을 잃은 설움을 노래한 시라는데 나는 왠지 작은 굴레에서 벗어나지 못한 중생을 노래한 듯해서 내 미약함이 여실히 드러나는 것 같다. 완전히 외우고 오지 못한 것이 못내 가슴에 맺힌다.

나무나 들꽃도 일년에 한번은 꽃을 탐스럽게 피우는데, 사람인 내가 꽃을 못 피우면 나는 뭔가 하는 생각을 잠시 머문 자리에서 곰곰이 생각해보았다.

창 밖에는 원추화서가 청명한 가을 하늘 아래 하늘을 밝히는 샹들리에처럼 빛나고 있다. 수 천 개의 꼬마전구 같은 시프 그린들이 가을바람에 그네를 타듯 춤을 추고 있다.

노간주나무

이른 아침부터 황토가 깔린 붉은 마당에는 이웃집 아저씨들이 서성이고 괜스레 부산스럽다.

미명에 잠에서 부시시 깨어 문 밖을 내다보니 대청마루를 가로질러 아침 햇살이 길게 비치고 실눈 뜨고 밖의 동정을 살피다가 집안 분위기가 이상해서 후다닥 뛰어나와 본다.

외양간 앞에는 장정 서넛이서 우리집 어린송아지를 꼬옥 붙들고, 코 뚫을 준비를 하고 있다. 코가 뚫릴지 꿈에도 알리없는 우리집 삼순이는 어미 곁에서 아버지가 끓여준 소죽 한 그릇을 꿀이 달다고 죽통에 머리를 디밀고 긴 혀로 코까지 쪽쪽 핥아 먹고 있다.

이 날을 위해 얼마 전 아버지가 산에 가서 노간주나무의 곧고 긴 가지 하나를 베어 오셨다. 맑은 나무향이 코 끝을 후비는 짜릿한 향기를 풍기는 싱싱한 나무의 수피를 홀랑 벗기고 잘 다듬어 두시길래 어디다 쓸 건지 자못 궁금하더니 삼순이 코뚜레하려고 미끈히 다듬고 또 다듬었나보다.

오늘 제대로 걸린 삼순이, 아저씨들의 갑작스런 몸놀림에 웬일인가 싶어 놀라 후다닥 제 어미 뒤로 숨어 봐도 별 뾰족한 수는 없다. 작은 외양간 안에서 이러지도 저러지도 못하고 꼭 붙들려서 코를 뚫는 순간 "움메" "움메" 아프다고 고함만 친다.

그 순수하고 맑은 큰 두 눈에서 긴 속눈썹을 껌뻑이니 눈물이 찔끔 흐른다. 걸핏하면 남의 야채밭에 뛰어들어 어머니께 꾸중 듣게 하여 나를 눈물 젖게 하더니 오늘은 삼순이가 눈물을 흘리는 날인가보다. 처음에는 속으로 '아이쿠, 고거 고소하다' 싶었는데……. 얼마 지나서 외양간 안을 가만히 들여다 보니 어미 소 옆에서 코뚜레에 고삐로 묶여버린 삼순이가 불쌍해 보인다. 평소에 몹시 까불더니 갑자기 조용해졌다. 낯선 나이론 고삐에 적응이 안 되어서인지 일정한 코너에서 서성이며 애원하는 눈빛이 서린 원망하는 눈빛으로 바라보는 삼순이가 안쓰럽다. 다슬기, 피리, 자라가 많이 나오는 용소에 고디 잡으러 가자는 동네친구들의 말을 외면하고, 삼순이 옆에서 한 동안 자리를 떠나지 못하고 할 일없이 빙빙 돌며 하루를 보내다가 외양간 앞에 쪼그리고 앉아서 중얼거린다.

'코뚜레를 했으니 너도 이젠 얌전해져야 한다고.'

말간 숯불에 달아 가마솥 가득 김이 나는 소죽을 한 그릇 퍼다 주고 또 퍼다 주고 또 퍼다 주는데, 아픔은 잊은 건지 뜨거운 소죽을 맛있다고 냠냠 잘 먹던 삼순이 코에서 콧김을 '푸우' 하고 내뱉으니 코피가 주르륵 흐른다.

오월을 맞아 싱그럽게 자라는 노간주나무의 모습에서 유년을 함께 보낸 우리집 살림 밑천이였던 누렁이 삼순이가 보인다. 누렁 황송아지 흰 코에서 검붉은 피가 주르르륵 흐르던 모습이 문득 떠오른다.

그 때 그 시절이 속절없이 그립다. 가슴이 먹먹해지고 아득해지는 건 순전히 윤기 자르르 감도는 저 노간주나무의 푸르른 잎 때문인지도 모른다. 노간주나무의 드라이아이스처럼 내 기억 속에 삼순이가 되새김질하는 모습이 유년의 뜰에 서면 되새겨진다.

유년의 기억으로 그 때 우리 집에서 키우던 삼순이는 새끼를 5마리나 낳고 죽었다. 살림 밑천이였던 삼순이 덕분에 언니와 나는 무사히 학교를 마칠 수 있었고 삼순이를 잘 다루시던 아버지는 논 갈고 밭 갈아서 농사를 지어셨는데 15년 전에 돌아가셨다. 그래서인지 오랜만에 코뚜레를 만들던 노간주나무를 바라보면 그리운 아버지의 모습……. 그 시절의 아련한 추억 속으로 사로잡히는 것만 같다.

요즈음은 소는 코뚜레를 잘 하지 않는다. 모두 방목을 하거나 움쩍달싹 못하게 칸을 짓고 키우기 때문이기도 한데, 고기소로만 키우다 보니 그런 것 같다. 설령 있다 해도 나무로 코뚜레를 만드는 게 아니라 플라스틱으로 만든 코뚜레로 하는 것을 우리는 종종 볼 수 있다. 하지만 예전에는 전부 천연 자원에서 자족자급했던 시기라 자연이 지금보다 훨씬 더 깨끗하고 맑았다는 것을 새삼 깨달으며 자연의 소중함을 절실히 느낀다. 소등에 멍에를 씌우고 논 갈고 밭 갈던 소들은 점차 없어지고, 대부분이 기계로 대체가 되었다. 농사짓기는 편리해졌고 물량은 풍부해졌지만, 정신적인 풍요는 실개천에 물 마르듯 말라버린 현실 앞에 무엇이 중요한지. 새삼 상념에 잠겨 시름해보며…… 정말 소중한 것은 본래의 진면목이 아닐까 싶다. 자연은 우리에게 정말 소중하다. 위대한 자연의 순리를 거스른 요즘 우리는 그래서 더 큰 재앙을 낳고 그 고통에 허덕이고 있는지 모른다. 풀냄새 가득 배인 소똥 냄새가 흙냄새와 어울려나던 그때의 구불구불하던 논밭이 그립다. 사료냄새로 얼룩진 소똥냄새의 구린내에 질식할 것만 같아서 나는 자꾸만 과거로 타이머신을 타고 그 시절 속에 머물고 싶어서 환영이 보이는가.

나에게 천사 친구가 있다

나에게 천사 친구가 있다. 친구라는 이름을 어거지로 나는 명명해서 불러본다. 아기 같은 고운 피부에 흰 낮달 같은 맑은 얼굴을 가지고, 두어 평 남짓한 공간을 천 만평 같이 쓰는 천사언니다.

나는 마음의 장애를 가졌지만 천사는 육신의 장애를 가졌을 뿐인 하늘 아래 사는 수많은 천사 중에서도 미카엘을 닮은 천사다.

모든 것을 초월한 듯 어머니와 단둘이 사는 천사는 효녀라서 아파도 웃고, 슬퍼도 웃는다. 천사를 동경하는 무리들인 우리 추종자들에게만 꼭꼭 감추어 두었던 감정의 찌꺼기들을 흘려보낸다.

이 세상에는 천사를 아프게 하는 사람들이 있다. 천사는 혼자서는 움직이지 못한다. 두 팔은 아주 조금 안간힘을 다해서 움직일 수 있고, 몸은 배추 애벌레처럼 여리고 여린 살들을 움직여서 혼자 힘으로 해보려 발버둥을 쳐야하고, 화장실도 기어서 가지만 여간 힘든 게 아니다. 그래서 밥은 하루에 두 끼니씩 새 모이만큼만 먹는다. 방 밖으로 나갈 수 없는 날이 일 년에 360일인지라 창

밖으로 보이는 작은 화단에는 한 두 그루 파초가 전부이지만 나보다 더 행복하게 미소 지을 줄 아는 언니다. 물론 결혼도 하지 않았다. 성녀 같은 언니이지만 나에게는 천사로 보인다. 아니 천사가 맞다.

세상의 힘든 세파를 아홉살에 다 견디어 내고 그 이후에는 모든 것을 초월한 사람, 『아홉살 인생』이라는 책에도 있듯이 이 언니도 아홉 살이 되기 전에 심하게 앓은 열병에서 일어나지 못했다. 그래서 지금과 같이 눕거나 벽에 기대어 앉아서 생활하는 게 전부이지만 마음만큼은 그 누구보다 부자이다. 나는 시인이 되기를 꿈꾸지만 이 언니는 시인이다. 시를 쓴다. 눈으로 보지 않고 경험하지 않고도 영감이 팍팍 온다니 정말 대단하다. 그래서 대단하다기보다는 밖의 세상 보고 써는 나보다 안 보고 써는 언니가 더 잘 써고 더러는 나의 문제가 뭔지 심리 상담까지 해준다.

천사와 기울이는 맑은 물은 그냥 물이 아니라 생명수가 되어 나에게 맑은 영혼을 준다. 어지러운 정신을 가벼이 하기 위해 기울이는 소주가 더욱 맑은 정신을 안겨다 주고 대화하는 기쁨이 인다.

소주 한 병중에서 천사는 한 두어 잔이지만 나머지는 내가 다 먹는다.

천사는 일 년에 며칠만 밖의 닫혀진 세상을 열고 들어가서 필요한 것을 가져오지만, 나는 매일 가서 온통 다 가지고도 남는 게 없는 빈손이다.

천사의 방에는 주인을 닮아 작고 아담한 방에 향기로움이 있다. 많으면 한 달에 두어 번 만나는 천사이지만, 마음이 어지러운 날에는 천사가 보고 싶다. 사는 게 비틀거릴 때면 천사의 넓은 가슴이 그리운 날엔 벚꽃길 놓인 그 곳으로 간다.

천사를 찾아가는 날에는 천사의 집 앞에 김문배 시인 집을 거쳐 지나가게 된다. 김문배 선생님의 집 대문은 항상 열려 있다. 365일 하루도 잠긴 날이 없다. 그 사연은 어려서 집나간 아들을 오매불망 간절히 기다리며 생의 끝을 붙잡고, 잃어버린 자식이 그리워 눈을 못 감는 선생님이 계시기 때문이다. 혼자 사시는 아버지가 늘 걱정스러워 대구 사는 딸이 매일 달려온다. 출퇴근길, 점심시간, 이렇게 하나 밖에 없는 딸을 힘들게 하는 줄 알면서도 혹여 당신 안 계실 때, 아들이 왔다가 갈까하는 염려에 잠시도 집을 비우신 일이 없고, 늙고 병들어 야윈 육신 딸에게 미안하지만 병원에 의존도 못하신다고 일전에 들었다.

자식을 가슴에 담고 사는 김문배 선생님의 마음이 어떨까 생각하며 한 번 더 뒤돌아보는 그 집 앞. 그 집 앞 화단에는 내가 본 15년 동안 한 번도 다른 꽃이 자리하지 않았다. 항상 15년 전에 그 모습이다. 아니 그 이전 '아들이 함께 살던 그 때의 모습 그대로이겠지.' 모든 집안의 분위기며 꽃 놓인 자리까지도 흐트러지게 하지 않고, 살아오신 선생님의 삶을 생각하면 왠지 가슴이 아리다. 별로 친해 본적도 없고 말 한마디 제대로 건넨 적 없었으며 그저 같은 공간에 옆에서 몇 번 자리한 적 밖에 없는데도 선생님 일이 남의 일 같지 않다. 생각하면 늑골이 아릿하다. 무엇에도 비할 길 없는 부모의 큰 사랑 때문일 것이다. 무매한 나에게까지 느껴지는 그 사랑이, 짧은 소견이지만 이제 그만 그쳤으면 좋겠다. 그래서 선생님이 편안해 졌으면 좋겠다. 자식을 가슴에 묻은 아버지의 큰 사랑에 나는 자꾸만 그 집 앞을 스쳐 지나갈 때면 긴 고통에서 벗어나시길 기도드린다. 내생에서 다시는 헤어지는 아픔이 없도록…….

천사의 집은 항상 무겁게 찾아 갔다가 홀가분하게 돌아오는 사유의 공간이다. 아름들이 벚꽃길 아치형으로 놓인 그곳. 김문배 선생님의 집 앞 화단에 활짝 핀 리라꽃나무처럼. 잎사귀는 첫사랑 같이 쓰고, 머무는 바람결에 보랏빛 분분한 꽃잎은 사랑처럼 달콤한 꿈을 꾸는 것 같아서 오늘도 그 집 앞을 서성인다.

이순악

황혼의 멋
시골아낙이 될 꿈
기다려 주지 않는다

황혼의 멋

오랜만에 관광 여행을 떠났다.

남편들의 동갑내기 부부동창 모임이었다. 여행이라기 보다 친목과 우의를 다지는 의무적인 행사였다. 어색했지만 모두 인사를 나누고 남편과 나는 맨 앞 좌석에 자리를 잡았다.

차는 출발했지만 행선지가 변경되어 옥신각신 법석이었다. 처음부터 썩 내키지 않은 여행이라 기가 막힐 지경이었다. 어떤 친구는 관광버스를 탄 것만으로 즐거운 표정들이었다.

그렇게 양면을 가진 여행이었기에 모든 걸 체념하고 하루를 보내자고 작정을 했지만 주위가 너무 어지러웠다. 관광 버스에서 의례적으로 있는 행사가 벌어졌다. 개인 노래자랑을 거쳐 춤을 추고 술을 마시게 하고, 같이 어울려야 되겠지만 우리 부부는 할 줄 아는 게 한 가지도 없어 난감했다.

곤욕을 치루듯 시간을 보내고 충무항에 도착했다. 점심을 먹고 다도해 유람선을 탔다. 선장 아저씨의 안내 방송에 이어 찢어지는 듯한 음악과 함께 흔들고 춤을 추게 되었다. 쉴새없이 귀청이 어지러워 선상에 나와서니 23년 전 신혼 여행길에 올라 부산에서 여객선을 타고 다도해를 지나 여수, 오동도, 동백섬에 갔던 기억이 떠올랐다.

그해 4월의 봄바다는 잔잔하고 평화롭게 우리 부부를 축복해 주었다. 꿈과 사랑, 희망찬 앞날의 그림을 스케치하던 그때로 돌아갈 수 있다면……. 부질없는 생각과 만감이 교차하는 순간이었다.

모두들 자연경관에는 별로 관심이 없는 듯이 즐기는데만 열정을 쏟고 있었다. 몇 시나 되었을까? 해가 뉘엿뉘엿 서쪽으로 기울어질 무렵 마지막 행선지인 지리산으로 향했다. 노고단을 향해 달리는 동안 문득 자연은 항상 그 때 그 자리에 머물러 나를 반기는데 나만 너무 멀리 떠나왔다는 생각이 들었다.

인생길에는 왕복표가 없다는데! 그렇다고 가던 길을 멈출 수도 없으니 지금도 나는 가야만 한다. 기쁨과 슬픔, 노여움이 있고 고민스럽기도한 길을 수십 해나 지나왔는데 또 가야하는 게 우리네 인생인데 어쩌랴.

우리 일행이 노고단 주차장에 도착했을 대 눈 앞에 펼쳐진 낙조가 장관을 이루었다. 지리산 노고단 낙조가 일품이라는 것은 들어알고 있었지만 적당히 하루를 보내자고 떠난 여행에서 횡재를 하고보니 황홀감에 눈을 감아보았다. 금강산 비경에 버금가는 장관이 아닐런지!

남들보다 먼저 남편과 사진을 찍고 소녀처럼 마음이 들떠 있었다. 조금 전까지 거대한 지리산 앞에서 나라는 존재가 너무 작게만 느껴지고 알맹이를 만들지 못한 빈 콩깍지 같이 텅빈 공허감을 지리산 낙조를 보면서 얼마간 위안을 받을 수 있었다.

인도 설화에 어떤 생물체가 팔천사백만번의 윤회를 거쳐야만 인간으로 환생할 수 있다고 했다. 고귀하고 값진 것은 인생이 아닐까!

앞으로의 인생을 더욱더 소중히 껴안아야 겠지. 황혼의 멋을 그리면서……. 누구에게나 한번쯤은 노고단 낙조를 보라고 권하고 싶다.

시골아낙이 될 꿈

고속도로에 늘어선 자동차 행렬은 언제 끝이 나려는가? 휴일이면 의례적인 행사처럼 교외로 빠져 나오는 자동차 행렬을 볼 수 있다. 대엿새를 바삐 살다 하루를 쉬고 싶어서 일 것이다.

어쩌다 가까운 대도시를 찾았을 때 항상 느끼는 게 있었다. 공간마다 당당히 들어선 빌딩들, 활기찬 도심의 생활, 멋쟁이들의 교양있는 행동 하나하나가 모두 부러움의 대상이었다. 젊음을 불사르고 싶어 안달이 난 청춘들을 보며 나이를 먹어 간다는걸 느끼게 된다. 계절이 바뀌어 거기에 맞는 색깔로 채색되어 가면 분위기에 맞는 멋을 내는 것에 만족했을 따름이었다.

언제부터인가 계절의 변화 속에 파묻히고 배운다. 땅을 비집어 새싹을 틔우는 신선한 흙의 기운하며, 짙은 초록의 숨가쁜 호흡, 기약이나 한듯 떠날 때를 알고 미련없이 자기를 떨굴줄 아는 의연함을 배우고 독기 뿜은 욕망의 순을 억제하며 때로는 처연함을 맞볼수 있는 이곳을 사랑할 것을 나는 알고 있다.

산을 오를 때처럼 잘 살아 보겠다고 호기로 덤빌 때보다 지치고 힘들 때 주위를 둘러 보게됨을 배웠다. 마음 속 깊이 쌓인 앙금도 쉬이 씻어 낼 줄도 안다. 세월을 그냥 흘려 보낸것이 아니라는 증표가 아니겠는가?

딸애들에게, 온갖 오물을 다 뒤집어 씌워도 다 용해해 낼 수 있는 지력이 있어 신선함으로 깨어나는 자연을 가르키며, 이 작은 공간이 있음에 감사하며 행복에 젖어보는 순간이기도 하다.

옛 어른들의 일컫는 말씀대로 손바닥만한 밭이랑을 일구느라 땀에 흠뻑 젖은 남편, 또한 나는 머리에 수건을 눌러쓰고 곡괭이 질하다보면 영락없는 시골 아낙이 된다.

농촌 생활이 얼마나 어려운가를 실감하는 순간이기도 하다. 무성하게 자라는 잡초들은 베고나면 또 자라있고, 성가신 날버러지들, 뙤약볕에 까맣게 탄 피부는 금세 거칠어지고, 흐드러지게 깔려있는 낙엽을 밟으며 낭만을 일깨우기 전에 주위가 지저분해 비로 쓸면서 성가시게 느낄 때 모두가 신선하고 아름답게만 보이는 것이 아니라는 것도 알고 있다.

그러나 교외로 휴식을 찾아 나왔다가 귀가 시간마저 여의치 못해 나래비로 줄을 서서 애간장을 태우지는 않아도 되지 않는가? 뉘엿뉘엿 지는 해를 잡으려고 안달하지 않고 드러내놓은 추한 멋보다 가릴 것을 가릴줄 아는 멋을 찾아 또 한살을 다져 봄직함이 아니겠는가.

만개한 꽃잎이 시들기 전에 더욱 열심히 살아야겠기에…….

기다려 주지 않는다

넓은 창으로 햇빛이 부서져 내리는 오후. 집옆 들녘엔 트렉트소리가 요란하다.

뒤늦게 장만한 집이 들녘 한가운데 외딴집이고 보니 시끄러운 트렉트소리가 정겹게 들릴만큼 내겐 지루한 오후 시간. 전화벨이 울리고 전화기를 받아든 귓전에 들리는 소리. 거친 숨소리와 함께 "너거 엄마 다리 뿌러져 야단났다. 빨리와보라" 째깍 끊겼다.

엊그제까지 우리집에 계시다 할일 있으시다고 혼자 사시는 집으로 가셨다.

다리는 후들후들. 가슴은 두근두근. 남편에게 호출을 하고 기다릴 수가 없어 언니네, 동생네 여기저기 전화를 하는 가운데 남편이 도착해 급하게 차를 몰아 친정집으로 향했다.

도착하니 이미 환자는 사고지점에서 사각 널판지에 뉘어져 있었다.

고통을 참느라 신음하고 계신 어머님을 보니 불쌍하고 처참해 보여 흐르는 눈물을 주체할 수가 없었다.

119를 부를 겨를도 없이 봉고차에 널판지 위에 뉘인 어머니를 싣고 대구의 병원으로 향하였다.

가까운 종합병원 응급실에서 X레이 촬영결과 대퇴부 상단 뼈가 두 동강 나 있었다. 칠순이 다 된 노인네 뼈는 나무토막처럼 부러졌고 옮기면서 이미 부작용이 있었다.

다행히 허리뼈는 아니라 할지라도 대수술을 받고 장기간 병원 신세를 져야 한다는 것이다. 더욱 난감한 것은 병실이 없으니 다른 병원으로 옮겨 빨리 수술을 받는 것이 최상의 방법이라는 것이다.

종합병원 응급실 실태가 엉망이라는걸 알고 있었지만 대책이 없었다. 급한 쪽은 우리고 보니 다른 병원을 여기 저기 알아보고 하는 동안 시간이 경과되어 골수에서 출혈이 계속되어 위험할 수도 있다는 의사들의 성의없는 진단에 불만은 가득했지만 별 수없이 다른 병원으로 옮겨 오고 말았다. 비록 병원은 허술했지만 환자에게 관심이라도 보이는 의료진들을 보고 안도의 숨을 쉴 수가 있었다.

응급처치와 통증 치료를 하고 병실로 모셔놓고 집으로 돌아올 수가 있었다. 차 안에서 내내 어머니 생각만 했다.

지금까지 좁은 집에서 살면서 투정하는 내게 남편은 미안해했고 각자 방이 없어 불편해하던 애들에게 나 역시 미안했다. 홀로 계신 어머님이 와 계실 때 더욱 그러했다. 이젠 편히 모실 수도 있는데…….

이 좋은 계절에 병원에 누워 계신 어머니 생각에 목이 메인다. 평소 건강하실 때 생각 못했던 잘못들이 주마등처럼 떠오른다. 못난 딸 때문에 애간장만 태우신 우리 어머니. 집을 지으면 어머니 방을 만들어 편히 모시고 싶어했던 내게 신은 왜 이리도 심술을 부리는지 원망스럽다.

어머니께 가장 많이 고통을 드리고도 병실을 지킬 수도 고통을 덜어 드릴 수도 없다. 시간이 지나 완쾌되어 일어나시면 마음껏 해드리고 싶지만 몸이 부실한 딸을 두고 호강을 바라시지 못할 어머님을 생각하면 더욱 그러하다.

이 나이가 되도록 효도하는걸 뒤로만 미뤄오면서 기회를 기다렸다는 것이 부끄럽다. 부모는 마냥 기다려 주지 않는다는데.

그러나, 실천하기도 만만하지가 않다. 자식이 건강하게만 살아주는게 세상 어떤 부귀영화보다도 효도라고 생각하실 우리 어머니. 또 한번 사랑받아서 행복하고 사랑주어서 행복한 날을 우리 어머니에게 주소서. 기도해본다.

이점옥

시간이 흐르면 모든 게 용서될까?

기억 속의 꿈

우리 집

눈물의 맛

시간이 흐르면 모든 게 용서될까?

벌써 3~4년은 지난 일이다.

대구의 서재에서 중국집을 할 때 형님댁에서 배달하는 사람을 데려다 같이 일하게 되었다.

처음 며칠은 열심히 자기 일처럼 하더니만, 얼마 뒤부터 서서히 본색을 드러낸다. 늦기는 예사요, 가불은 수시로 해 가서는 일한 것보다 더 많은 돈을 가져가더니만 기어이 나오질 않는다. 집이라고 찾아가 보니 아무도 없다고 하고 전화도 받지 않는다.

모르는 사람도 아니고 형님댁에서 추천한 사람이기에 믿었건만, 사람의 믿음이란 게 참 한 순간이다. 어쨌든 그렇게 헤어진 사람을 우연히 만나게 되었다.

고령에 온지 5개월째가 다 되어가고 아르바이트를 한답시고 마트에서 일한지는 벌써 두 달. 그동안 아는 얼굴도 많이 보고, 모르는 얼굴 보는 것도 글쓰기에 도움이 될까 하고 유심히 쳐다보곤 했었는데 계산대 앞에 서 있는데 우락부락 생긴 얼굴이 빨간 잠바를 입고 들어온다. 눈이 동그래진다. 누구지? 어디서 본 것 같은데, 고민도 잠깐. 먼저 아는 체를 한다.

"어, 형수, 여기 있어요?"

'아 그 놈이구나.' 예전에 나 스트레스 받게 했던. 누군지 아는 순간 화가 치밀어 멱살을 잡고 싶었지만 잠바 끄뎅이를 잡고는 어디서 무얼하며 지내며 이름이 생각나지 않아 이름을 물어봤다. 이름을 듣는 순간 아하, 살아있으니 만나기는 만나는구나.

세상 참 좁다. 그때가 언젠데 지금에서야 만나다니, 그때 그렇게 찾아서 혼내고 싶은 걸 세월이 시간이 지나고 보니 아무것도 아니다. 슷제 반갑기까지 하다.

"형수, 용서해주이소."

"하하하 용서는 무슨, 예전에 용서했지 뭐."

"그래 잘 지내나?"

"네."

"앞으로 자주 자주 온나."

"네."

"음료수 좀 사오고. 하하하."

참 착한 사람이었는데 술을 마셔서 못 나왔다고 한다. 지난 일을 왈가왈부할 내가 아니다.

요사이 내 모습이 지금까지의 인생에서 제일 좋은 모습인 것 같아 활기가 넘친다.

옛날의 일로 내 좋은 모습을 찾은 지금을 망치고 싶지가 않다.

전화번호를 못 적어놓은 것이 아쉽기는 하지만 언제고 마트에 오면 볼 수 있을 테니 꼭 전화번호를 알아야 할 것까지는 없을 것 같다. 나보다 한참 어린 줄로만 알았는데 한살 밖에는 어리지가 않다.

참 내가 중국집한다고 고생 꽤나 했지. 한살 어린 사람을 이 놈 저 놈했으니, 반성해야겠다.

흐르는 세월을 막을 순 없지만 살아있으므로 해서 언젠가는 만난다는 인연의 법칙, 같은 하늘 아래 살아가는 우리들.

스파이더맨에 이런 말이 나온다.

"나랑 상관없잖아요."

세상일에 나랑 상관없는 일은 없고, 혼자서만 살 수 있는 세상은 더더욱 아니라고 생각한다.

착하게 살면 언젠가는 복을 받는다고, 열심히 노력하며 살아야겠다고 사람이 사람을 속이는 게 아니라 돈이 사람을 속인다. 인연이 있다면 언젠가는 만날 것이다. 세월이 얼마만큼 흐르던 간에…….

기억 속의 꿈

가끔씩 무릎을 오그리고 웅크려 앉아 본다. 태초의 자궁 속에 웅크린 모습처럼 편안하고, 고요한 기분이다. 그렇지만, 세상의 번민은 피할 길은 없다.

요사이 나를 괴롭히는 것들은 무얼까?

밤새 꾼 꿈이 잠을 달아나게 만들고, 일찍 일어나길 제일 싫어하는 나를 일으켜 세운다.

야행성 체질이라고 자랑스럽게 얘기하는 걸 무색하게 만들 정도다. 이렇게 이른 새벽, 일찍도 아니지만 어쨌든 오전 6시 30분이면 나에게는 너무도 이른 아침이다.

엄마는 벌써부터 마루에 불을 환하게 켜시고 아침준비를 하신다. 가끔 한번은 밥을 해서 차려드려야지 하는 생각은 항상 마음뿐이다. 몸은 여전히 이불 속에서 잠을 잔다.

최초의 기억나는 꿈은 여덟 살 이후라고 생각된다. 붉은 나무로 엮은 대문과 그 대문 위의 조그마한 지붕. 집안을 들여다보면 초

가지붕을 얹은 자그마한 시골집이다. 그 앞에서 쪼그리고 앉아 있는 꿈을 사나흘 연속으로 꾸자, 의문이 생겼다. 대체 그 대문은 왜 내 꿈에 자꾸만 나타나는 걸까. 그러곤 깜깜한 기억 속으로 사라져 버린 꿈이다.

얼마 전에 그 곳이 어디인지 알 수 있었다. 밤농사로 바쁜 가을철, 고모님댁으로 일손을 데리러 간 적이 있었다. 꼬불꼬불 동네길을 따라 들어가는 순간 눈에 익은 풍경들이 나온다. 조그만 나무, 그 옆의 우물, 그리고 포도밭. 꿈에서 본 붉은 대문(빛이 바랬다), 그 앞의 황금빛 논들……. '어라~, 저 대문은 어디서 많이 봤는데……. 어디서였지?' 그 순간 떠오르는 기억, 아하 꿈에서 봤던 대문이 저거였구나. 그렇게 나를 궁금하게 만들던 대문이 바로 고모가 사는 동네에 있었구나.

그런데 꿈 속과는 많이 달라진 모습이다. 초가지붕은 온데간데 없고, 가을 햇볕에 너무도 파랗게 빛이 나는 새로운 집으로 변해 있었다. 예전의 흙 마당은 시멘트 마당이 된지 오래인지 허옇게 군데군데 벗겨져 있다. 벗겨진 시멘트 사이로 삐죽 솟아 나온 잡초들, 붉은 대문만이 예전의 꿈을 기억나게 해 줄 뿐이다.

기억 속의 대문은 아주 붉은 색에 커다란 대문이었는데 내가 자라서인지 작은 대문이 되어 거기에 있었다. 세월에 부딪혀 붉은 대문은 빛이 바래고 군데군데 낡아졌지만 내 마음엔 여전히 커다란 붉은 대문으로 기억될 것이다.

엄마 말씀이 나를 낳고 많이 아프셨다고 했다. 그래서 젖을 먹일 수가 없어 고모 젖을 먹고 자랐다고 한다. 고모님은 내 또래의 사내아이가 있어 그 애랑 같이 서로 먹으려고 했다고. 지금은 웃고 말지만 그 당시엔 얼마나 절절했을까? 아파서 젖을 못 먹이는 엄마심정이며, 서로 먹으려고 싸우는 애들이며 고모님도 많이 힘드셨을 것 같다. 거기에 있던 대문이 오래 전 그 곳에 있던 나를 기억해 준 것일까?

그 꿈이 아니었다면 여덟 살 때의 기억을 영영 잃어버리고 지냈을 지도 모를 일이다. 내 꿈에 그렇게 자주 나타났다는 게 오히려 고마울 뿐이다. 어쨌든 내 기억의 한 자락을 붙들어 놓았으니 말이다.

한동안 꿈을 꾸면 꼭 영화 속의 주인공이 되어 종횡무진 뛰어다니는 꿈을 꾸곤 했다. 그것도 하루만 꾸는 게 아니라 연속으로 이 삼일은 보통이다. 대부분 일어났을 때만 생생하고, 조금만 지나버리면 까맣게 기억 속으로 사라진다. 어떨 땐 메모지를 준비해서 적어놓을까도 생각하지만, 그 생각도 어느새 잊어버리니 내 머리한테 외치고 싶다. "내 기억 돌리도"라고……. 어찌 보면 내 꿈들은 예전에 내가 겪었던지, 아니면 더 예전에 간직한 것들이 지금 나타나는 것은 아닌지 궁금하다. 전혀 생소한 곳에 가도 낯설지가 않다던가, 어떤 일을 하는데 그 일이 한번 해 본 일인 것만 같은 기분들, 윤회사상을 그다지 믿지 않는 나조차도 꿈 속에 또 다른 내가 보이면, 그 것이 전생의 내가 아닐까란 생각을 하는 걸 보면 결코 없지는 않을 것 같다.

다음 생에는 보다 더 나은 모습으로 태어나길 바라는 걸 보면 윤회설을 믿을 수밖에 없을 것 같다.

우리 집

주위를 둘러보았다. 내가 있는 이곳은 어디인 것일까?

사방천지가 산으로 둘러싸여 산에는 푸르름이 사라져버린 청량한 빛으로 온갖 나무들이 우뚝 솟아 있다. 오직 한길 외길만이 사람들이 오고 갈 수 있게 해줄 뿐.

지난 장마에 쓸려내려 무너진 길에는 몇 개의 돌이 옆에서 길을 지탱해주며 차들이 오고 갈 때마다 차 무게를 이기느라 낑낑대고 있다. 이제 그만 무너져내려 버렸으면……. 그럼 차들도 더 이상 오지 못할 텐데 아마 산 속의 절과도 같이 고요한 천지가 될 거다. 밤에 우는 새들을 제외하면 말이다.

처음 부모님을 따라 이곳으로 집을 옮겼을 땐 황량한 들판의 외로운 나무처럼 동네에서 1킬로쯤 떨어진 외딴집이었다. 마당은 넓은데 인기척이 느껴지지 않으니 외딴 골짜기에 홀로 떨어진 듯한 쓸쓸함이 들었다. 지금은 오히려 조용하니 따로 산 속에 수도하러 안 가도 되고, 떠드는 동네 아이들 소리 안 들려서 조용하고,

이런 별천지가 따로 없는 것만 같다.

봄이면 마당엔 분홍색 화사한 벚꽃이 저마다의 팔을 벌려 벌을 맞이하고, 마치 눈이 오듯 꽃잎을 한잎 두잎 멀리 날려 보낸다. 집 뒤의 산에도 때맞춰 연록빛 잎들이 파릇파릇 색깔을 뽐내고 있다. 집을 빙 둘러싼 산들이 저마다의 빛깔로 봄을 맞이할 때 나도 닫힌 내 마음을 열어 봄을 맞이하고 싶다. 들판엔 온갖 풀들과 야생꽃들이 조용히 언 땅을 뚫고 목을 내민다. 엘리어트는 「황무지」에서 〈4월은 잔인한 달〉이라고 하였다. 4월은 언 땅을 녹이고 새싹을 키워내니 축복된 달이다.

논두렁 위엔 어디를 가나 쑥이 지천으로 자라나 여기 저기에 동그라니 모여서 어서어서 데려가 주세요, 하듯 목을 길게 내밀고 있다. 햇살이 따스하거나 포근한 날이면 엄마와 같이 쑥을 뜯어 쑥털털이며, 쑥국, 또는 쑥떡을 해서 맛있게 먹곤 한다. 쑥의 향긋하고 신선한 향은 어느 향기보다도 내 코를 자극한다. 지천에 널려 있는 쑥은 흔하지만, 그 향은 어느 것도 따라 올 수 없는 향을 가지고 있다. 나도 언제나 쑥처럼 푸르고 신선한 향을 간직한 사람이 되고 싶다.

봄에서 여름으로 가는 시간은 금방이다. 산은 하루하루 짙어가고 푸르름을 뽐낸다. 저처럼 고요하고 오만하고 지적인 존재가 과연 있을까? 모든 것을 감싸 안은 저 웅장함이란…….

내가 본받아야 할 존재는 산이 아닐까? 언제고 제 자리에서 변화하고 노력하고 온갖 만물을 감싸주고 지켜주며 키워내니까 말이다.

여름이 무르익을 무렵이면 눈처럼 휘날리던 벚꽃은 온데 간데없고, 푸르른 잎엔 매미들이 맴매엠거리며 목소리를 자랑한다. 안마당에선 백일홍이 뼈만 남은 갸날픈 가지에서 초록빛 싹을 틔워낸다. 처음 백일홍을 봤을 때 죽은 나무가 왜 저기 있을까? 생각했었다. 그런 나무가 겨울을 이기고 봄이 오고 여름이 왔을 때 피워내는 싹을 봤을 때 새삼 감탄했다. 죽은 나무인줄만 알고 있었는데 이렇게 푸르른 잎과 진홍빛 꽃을 피워내다니……. 모든 눈으로 볼 수 있는 건 아주 작은 것 같다. 세상 모든 만물은 내가 아는 만큼 느껴지는 것 같다.

집 앞 논에선 푸른 벼들이 쭉쭉 뻗어 어느새 아이 키만큼 자라나 있다.

아침이면 벼 이삭엔 동그랗고 청아한 이슬방울들이 거미줄에 같이 엉켜 영롱한 빛을 자아낸다. 해가 뜨면 곧 사라지겠지만 어느 순간보다도 아름답고 평화로운 광경이다.

고등학교 때부터 기계화가 시작되어 지금은 거의 기계로 다 하지만 그 전에는 모든 손으로 다 했었다. 모판내기, 모심기, 벼베기, 타작 등 어느 것 하나 손이 가지 않는 곳이 없었다. 온 가족이 모여 줄에 맞춰 모를 심고, 모를 심고 난 후 논에서 먹는 새참은 열심히 일한 자만이 느낄 수 있는 맛이 아닌가 싶다. 요새는 뭐가 그리 바쁜지 다들 모심기 때고, 어느 때고 가족이 모일 일이 적으니 과학의 발달로 손은 편해졌을지 몰라도 예전과 같은 정은 우러나지 않는 것 같다.

백일홍이 소리 없이 질 무렵이면 들녘엔 어느 새 추수가 한창이다. 백일홍은 백일동안 꽃이 핀다고 해서 백일홍이다. 마당엔 백일홍 꽃이 수북이 떨어져 바람에 이리저리 쓸리는 동안 우리 집도 추수에 한창이다.

밤산에 알밤이 하나둘씩 떨어져서 주워주기만을 기다리고 있고, 들녘의 벼들은 햇살에 황금빛 물결을 출렁이며, 흡사 파도소리마냥 쏴아쏴아거린다. 이때가 우리 집이 제일 바쁜 시기다. 밤산의 밤도 수확해야하고, 들녘에 벼도 베야 하니까. 그렇지만 일에는 순서가 있는 법이다. 하나하나 순서대로 하다보면, 어느새 밤도 다 수확하고, 벼도 다 베고 언제 다 하나 싶었는데 추수를 다 했을 땐 가슴이 뿌듯하다.

마당엔 수확한 벼들로 진을 치고 있다. 햇살에 고르게 말리기 위해 널찍하니 깔아놓으니 참새며 까치들이 소리 없이 다가와 벼를 쪼고 있다. 엄마는 새들을 향해 후이후이하며 소리를 지른다. 새들은 그 소리에 놀라 어느새 저만치 날아가 버리고, 마당엔 고요가 찾아온다. 며칠 햇볕에 바짝 말린 벼들은 하나 둘 포대에 담겨져 창고로 들어가고, 집엔 겨울 준비로 바빠진다.

얼마 전에 캔 고구마며, 무며, 배추며, 차곡차곡 상자에 넣어져 대구에 있는 언니들 오빠에게 보내진다. 엄마는 언제고 혼자 드시는 법이 없다. 하나라도 자식들 챙겨주시느라 마음을 쓰신다. 난 옆에서 뭘 그리 많이 보내냐며 투덜댄다. 그러면 엄마는 말이 없으시다. 내가 괜히 그러는 줄 아시는 게다. 그리고는 이렇게 얘기하신다. "너도 다른 데 가 있으면 내가 보내 줄 테니 걱정하지 마라." 그러신다. 괜히 나만 나쁜 딸이 된 듯한 기분이다. 마음은 그게 아닌데 겨울이 오니 내 마음도 추워지나 보다.

어저께는 수확한 배추들을 다듬고 절이고, 김장 준비를 했다. 좀 일찍 김장을 하는 편이긴 하지만 엄마는 벌써부터 언니들 챙겨줄 생각에 신이 나서 고추며, 마늘이며 방앗간에서 빻아 오신다. 벌써 가래떡도 하고, 난 걱정이다. 나도 나중에 엄마처럼 자식들에게 저렇게 헌신적으로 해줄 수 있을까? 아마 안 될 것 같다. 엄마의 반만이라도 닮으려면 나를 희생해야 되는데 그렇게 못할 것 같다. 앞으로는 더 엄마께 잘 해 드려야겠다. 괜히 엉뚱한 말로 엄마 속을 상하게 해 드리지 말아야지. 그게 효도인 것 같다.

아침이면 문구멍으로 바람이 휘이하고 들어온다. 기와집이어서 그런지 문만 열고 나가면 찬바람이 온몸에 부딪힌다. 짧은 옷이라도 입고 나가려고 하면 온몸에 소름이 돋는다.

세수를 하고 얼른 뛰어 들어와 문고리를 잡을라 치면, 손이 문고리에 떡하니 들어붙어 버린다. 그때의 차가움이란 얼른 힘을 주어 손을 빼고, 방으로 얼른 들어온다. 그러면 방안의 따뜻한 훈기가 온몸을 녹여준다. 나무로만 된 집이어서 그런지 여름에는 시원하고, 겨울에는 훈훈한 것 같다. 일반 콘크리트 집처럼 건조하지도 않고, 가습기를 틀지 않아도 감기도 잘 걸리지 않는 것 같다. 애들이 감기에 잘 걸리지 않는 걸 보면 시골이라고 해서 다 나쁜 건 아닌 것 같다.

이 겨울을 잘 보내고 나면 또다시 앞마당에 꽃이 피는 봄이 올 것이다. 계절은 순환하는 것, 인생도 돌고 도는 게 아닐까 싶다. 내가 다시 이곳에 있는 걸 보면 말이다. 어서 어서 겨울이 지나 봄이 왔으면 좋겠다. 따스한 봄이 그립다. 봄이 오면 모든 일이 잘 풀릴 것 같다.

눈물의 맛

나는 어렸을 때부터 짬뽕을 무척 좋아 했었다. 아버지를 따라 어디론가 갈 때면 항상 아버지는 버스정류장 근처의 중국집으로 가시곤 했다. 거기서 아버지는 자장면을, 나는 짬뽕을 시켜 주셨다. 어린 마음에도 아버지를 따라 다니면 맛있는 걸 사주셔서 항상 따라다니는 건 나였다.

초등학교 5학년 때였을 것이다. 친한 친구와 중국집에 가서 짬뽕을 시키고는 설레었던 기억이 있다. 아마, 둘 다 처음으로 식당에 가서 짬뽕을 먹었을 것이다. 내가 돈 내고 사먹은 건 그때가 처음이었다. 배고플 때 먹어서 그런지 빨갛게 보이는 짬뽕이 매운 줄도 모르고 너무 맛있게 먹곤 했다. 그 맛은 지금도 잊혀지지 않는다. 지금은 짬뽕을 먹어도 그 맛이 나지 않는다.

처음이란 이렇게 중요한 것인가 보다. 그래서였을까? 유난히 어린 시절부터 짬뽕을 좋아 했던 게 내가 중국집을 하게 된 계기가 된 것일까?

결혼하고 잠시 중국음식 식당을 낸 적이 있는데 일을 하면서도 낯설지가 않았다. 자장면보다 유난히 얼큰한 짬뽕을 좋아하던 나. 중국집 메뉴엔 음식 종류가 많다. 얇게 민 면에 얼큰하게 몇 개의 청양고추를 넣어 끓인 짬뽕을 담노라면 그 향에 나도 모르게 침이 고인다.

특히 나는 면보단 야채를 좋아한다. 초록빛 배추, 하얀 양파, 푸른색 파, 주홍빛 당근, 연두빛의 달큰한 호박, 이 야채들이 섞여 서로 맛을 내고 색깔을 낸다. 짬뽕은 얼핏 쉬운 요리 같지만 조금만 잘못하면 야채에서 풋내가 나고, 맛이 이상해진다. 서로서로 섞여 잘 볶여졌을 때만이 맛있는 짬뽕이 된다.

세상일도 마찬가지인 것 같다. 나 하나만 잘 한다고 해서 모든 일이 잘되는 건 아닌 것 같다. 서로서로 어울려 열심히 돕고 살아갈 때 모든 일이 잘 해결되고, 잘 살 수 있는 것 같다. 부부간도 마찬가지다. 세상의 중심은 가정이라고 한다. 무슨 일이든 부부가 함께 노력해야 결실이 아름답다.

중국음식 점은 특히 부부간의 호흡이 중요하다. 서로 맡은 일을 열심히 할 때 더 맛있는 음식을 만들 수 있으며, 장사하는 게 신이 날 것이다. 하지만 나는 그러지 못했다. 아니 내가 아니라 남편은 항상 몸이 하는 일보다 머리가 하는 일에 더 골몰한 사람이었다.

각자의 조화가 어우러져야 음식의 맛이 날텐데 생각 따로 몸 따로인 음식장사는 될 리가 없었다.

요샌 짬뽕을 즐겨 먹지 않는다. 중국집을 그만둔 지도 꽤 오래 되었지만 나에게 너무도 아픈 기억을 남겨주었다. 중국음식점의 다양한 메뉴들, 매일 양파와 파를 까며 흘린 눈물은 매워서 흘린 눈물만은 아니었다. 그때 흘린 눈물이 나에겐 고마운 눈물이었다. 덕분에 요새는 웬만큼 힘든 일이 있어도 울지 않는다.

내 인생이 더 단련된 것은 그 매운 짬뽕맛 덕분이었을까? 더 많은 사람을 이해하게 된 것 같다. 철없던 시절 중국집을 하면서 흘린 많은 눈물들은 보다 더 강해진 지금의 나를 있게 해주었다. 여러 가지 야채와 양념이 섞인 짬뽕은 나를 더 세상 속에 섞여 살아가기 쉬운 존재로 만들어 주었다.

이젠 매운 짬뽕을 맛있게 먹을 수 있을 것 같다. 나를 강하게 만들어 주었으니까 말이다.

전순배

숨소리

어디서 무엇이 되어 다시 만나리

첫사랑, 그 아득한 추억을 찾아

흙

거울

숨소리

발걸음을 내딛기에도 조심스러운 땅기운, 땅심이 움직이고 있다. 얼어붙고 메말랐던 흙이 숨쉬고 있다. 놀라 가만히 주위를 살펴보니 하늘 아래 천지 생물이 살아나고 있다.

뿌리들이 쑥쑥 내리는 소리, 나무가지들이 수액을 쏘옥쏘옥 빨아 올리는 소리, 잎새들이 새록새록 펼쳐지는 소리, 꽃봉우리들이 봉긋봉긋 터지는 소리, 인공의 힘으로 움직일 수 없는 온전한 자연의 힘이다. 어제의 회색빛이었던 나무들이 오늘은 눈부신 연두빛으로 다가와 나를 당황하게 한다.

아, 5월! 말하지 않고 살아 움직임으로 가르치는 계절, 살아나라! 피어나라! 번성케 하라! 살아있는 흙의 생명력에 고개 숙임이, 각질을 깨고 나온 보드러운 작은 잎새에게까지 가슴 떨리는 경외감을 바치며 5월의 아침을 사색한다.

죽어가는 것들이 아닌 살아가야 한다는 명제 앞에 찬란한 5월을 예찬하며 내딛는 발걸음에 조심스러운 힘을 준다.

어디서 무엇이 되어 다시 만나리

"어머! 너 순배 맞니?"

아슴아슴 기억하면 알 것도 같지만 너무도 낯선 여인네들이 내 주위를 빙 둘렀다.

친구의 귀띔이 있었는지 모두들 더 한층 친밀하게 말을 걸어 왔지만 32년만에 색다르게 다시 밟아보는 교정과 고교동창생들과의 대면은 반갑고도 어색했다.

분수대는 여전히 하얀 물줄기를 뿜어내고, 등나무 밑 벤치는 이야기꽃 피는 자리목을 지금도 하고 있다.

너무 갑자기 많은 것을 기억해내기에는 무리였으나 낯익은 건물, 교실과 교실을 잇는 구름다리, 유난히 큰 강당, 이제는 이곳의 주인이 된 듯한 은행나무들이 학교의 큰 그늘이 되어주고 있었다.

그 넓은 운동장에 베사메무쵸 댄스 음악이 흐르면 맞은 편 남학교에서 창문을 열고 손수건을 흔들며 오색 종이비행기를 날려주던 그 남학교도 변함없이 마주하고 있다.

이 여인네들이 오리표 신발을 신고 단발머리를 했던 그 소녀들이란 말인가? 실감이 나지 않을 만큼 중년의 자태가 완연한 그들을 뒤로 두고 강단으로 걸어가 큰 문을 열어보니 한 작은 소녀가 땀범벅이 되어 맹렬히 탁구공을 치고 있다. 그것은 찰나적인 지난 영상의 한 컷이었다.

"얘! 늦겠다. 빨리 가자."

오늘은 5월 15일 스승의 날이다.

불가마 사우나를 한다는 회장이 나를 챙기며 동창회 결성은 17명뿐이 안되었지만 이 날은 꼭 이렇게 모임을 갖는다면서 주름살이 얼굴보다 먼저 웃었다. 너의 소식을 백방으로 찾았다며 내 손을 잡자 나는 죄를 지은 사람처럼 가슴이 두근거렸다.

나는 오랜 세월동안 지방의 소읍에 살며 어느새 나를 키워온 모든 것을 잊어버렸던 것이다. 그것은 일종의 배반일 수도 있었다. 선배가 운영한다는 연안부두쪽에 있는 식당에는 아홉 분의 선생님께서 먼저 자리하고 계셨다.

우리 일행을 보시고 일어나 반겨주시는 그 따뜻한 미소, 물론 첫눈에 나를 알아보시는 선생님은 안계셨지만 옛어른 말씀에 "사람이 죽지 않으면 어디서든 한번은 만난다."하셨더니, 가르침에 잘못 산 일은 없는지 그 생각이 제일 먼저 들었다.

매년 만나던 선생님과 동창생들은 퍽 익숙한 대화를 나누며 편안해 보였다. 먼저 회장의 인사가 있고, 선생님께 상품권을 나누어 드리며 올해 장학금 얼마를 모교에 전했다는 기사가 실린 인천일보를 오려 왔다.

인사말을 맺자 자연스레 〈스승의 은혜〉 노래를 했고 선생님께서도 함께 같이 부르셨다. 정겹다는 표현은 이를 두고 하는 말일게다. 참으로 장한 친구들이다. 그런데 그 친구들이 선생님보다 더 지쳐 보이고 늙어 보이는 것은 묘한 일이다.

"혹시 하재룡 과학 선생님 오셨니?"

할아버지 한 분이 별대화없이 계셨다. 숨이 콱콱 막혀온다. 평생 잊지 못한 선생님, 죽기 전에 단 한번만이라 뵙고 싶었던 그 분이 팔십일세의 할아버지가 되어 내 앞에 계시다니 믿어지지 않았다.

공부할 때 사용하라며 사진실 열쇠를 특별히 내어주셨고, 몇 친구들과 작은 배 하나 빌려 인천 앞바다에서 망둥어 낚시하던 시절이 엊그제 같은데 서로를 알아보지 못한 채 이렇게 만나다니, 또한 단체에서 특별한 대우를 받는 것은 옳지 않다며 사진실 출입을 꾸짖던 가정과 유병옥 선생님도 오셨는데 지금은 모 학교 교장이시고 내년이 정년 퇴임이라고 했다. 시간이라는 큰 강을 넘어 한 자리에서 두 분을 뵙는 감회가 새롭고 꾸지람도 큰 사랑이였음을 다시금 깨달았다.

얼추 식사가 끝나자 과학 선생님께서는 먼저 일어나셨다. 나는 황급히 나가 손을 꼬옥 잡으며 "선생님, 저예요 저" 속으로만 외쳤고, 선생님께서도 손에 힘을 주셨지만 안타깝게도 미소만 지어 주셨다. 나를 알아보지 못하는 애석한 해후였다.

지하 역사에서 전동차를 기다리며 나의 이력을 더듬어본다. 나는 충청남도가 안태 고향이다. 인천에서 20여 년을 살았고, 서울에서 10년을 살았다. 그리고 대가야의 맥이 살아숨쉬는 경북 고령에서 또 20여 년을 살다 인천에 오게 되었다.

개인마다 남다른 인생 역전을 살고 있지만 내 자신도 평범 그 이상의 삶을 산 것 같다. 하지만 지천명의 나이를 살고 있는 지금 더 이상 내 삶이 부끄럽지 않도록 잘 갈무리하면서 나의 정체성을 찾고 나를 키워오고 사랑한 모든 사람들과 내가 사랑한 사람들을 잊지 않고 다시 만나 아름다운 해후가 되도록 준비하리라.

방금 전 헤어진 은사님과 친구들의 아쉬운 정을 가슴에 새기며…….

첫사랑, 그 아득한 추억을 찾아

나는 금융기관에서 수표를 사용할 때 남달리 주민등록번호와 이름을 정확히 쓰는 습관이 있다. 이미 40년이라는 세월이 훌쩍 지나 버렸지만 초등학교 3학년 5반 반장과 부반장의 첫사랑을 그도 기억하리라는 기대가 내 이름 석자를 또박또박 쓰게 한다.

굳이 전파나 통신 매체를 통하지 않더라도 우연 중에 하늘이 도우면 보고싶은 사람을 만날 수도 있겠다는 생각을 하게 되었다. 돌고 도는 것이 돈이라는데 내 이름 석자를 정확하게 기억하고 있을 소년에게 나만의 방법으로 찾고자 한다.

그가 서울 명문 S대에 합격한 뒤 나를 찾아 집에 왔을 때 나는 서울연합통신 내 일본상사에서 근무하고 있었다. 그는 내가 대학 진학을 포기한 얘기를 듣고 못내 안타까와했지만, 나를 아내로 맞이하고자 초등학교 때부터 십 년 동안을 공부에 전념했다며 자신의 심경을 고백하였다.

그와의 교제는 시작됐지만 나의 마음이 쉽게 그를 받아들이지 못하고 있었다. 그는 베토벤에서 비틀즈까지 음악에 미쳐 있었고, 나 또한 장르에 관계없이 문학을 섭렵하고 살았다.

내가 시를 줄줄 외우면 그는 팝송을 멋지게 부르곤 했다. 그는 이미 준비된 사랑의 보자기를 풀어놓고 그 안에 담긴 기다림의 시간과 사랑을 이야기하고, 음악과 철학에 이르기까지 나를 위해서라면 언제든 무엇이든 꺼내 줄 준비가 갖추어져 있었지만 나 자신은 쉽게 그 보자기에 싸여 질 수 없음을 조금씩 느껴갔다.

그의 빛나는 청춘과 학문에 내가 턱없이 부족하다는 생각이 자꾸만 내 마음 속에서 그를 밀어내고 있었다. 그러나 남녀 관계, 특히 연애감정은 묘해서 멀리하면 할수록 더욱 세차게 당겨지는 힘이 느껴지곤 했다. 그와 함께 떠난 무주 구천동으로의 여행, 그것은 그와의 마지막 여행이 되었다. 하얗게 밤을 지새운 새벽녘 나에게 들려주었던 하이네의 시를 그도 기억하리라.

너는 한 송이 꽃과 같으니
그렇게도 귀엽고 예쁘고 깨끗하여라
너를 보고 있노라면
서러움이 가슴 가득
스며드누나

하느님께서 언제나 이대로
밝고 곱고 귀엽게 너를 지켜 주시길
네 머리 위에 두 손을 얹고
오직 빌고 싶은 마음뿐……

그후 그가 학교 서무과의 실수로 2학년 2학기 등록이 취소되어 군대를 가게 됐다는 소식을 접하게 되었고, 꿈 많고 아름다와야 할 나의 처녀 시절은 그늘이 내려졌다. 마치 누락된 등록이 나 때문인 것 같은 죄책감을 벗어나지 못한 채 내 스스로의 상처를 안고 슬픔의 봄은 그렇게 몇 번을 지나갔다.

그의 안부는 여동생을 통해 간간히 들려 왔고, 그는 나에게 예전처럼 적극적이지도 못했다. 그와의 만남이 시들해질수록 결혼이 하고 싶었다. 그와의 사랑은 이룰 수 없는 사랑이라고 혼자 못박아 두고 진짜 사랑할 수 있는 사람과 결혼을 하고 싶다는 생각이 들기 시작했다. 그때 처음 맞선을 보게 되었고 이목구비 수려하고 건강한 정신이 마음에 드는 지금의 남편을 만나게 되었다. 우리의 만남은 급진전되었고 3개월만에 결혼하였다.

빌딩숲과 사람이 넘치는 미련이 많은 서울을 떠나 아름다운 산과 맑은 물이 흐르고 인정 많은 지방 소읍에 와서 살았다. 나의 인생 여정도 그리 쉽지 않아 남편과 함께 맨손으로 내려와 서툴지만 장사를 열심히 한 덕에 삶의 터전도 마련했고, 국방의 의무를 마친 큰아들과 아직 군 복무중인 작은아들의 편지를 받는 오십을 목전에 둔 여인으로 자리매김했지만 첫사랑은 늘 그리움으로 남는다. 복학 준비로 여념이 없는 큰아들의 듬직한 어깨를 바라보며 수줍고 부끄럽지만 행복이라는 단어가 어설프지 않게 가슴에 와 안긴다.

지난 첫사랑의 기억이 복학을 준비하는 아들의 어깨 위에서 회상되어지고, 한번쯤 만나보고 싶다는 생각을 하게 하는 것은 넉넉한 마음을 가진 남편이 곁에 있기 때문이리라. 그러기에 나는 오늘도 수표 서명란에 이름 석자와 주민등록번호를 반듯하게 쓴다.

사람의 일이란 짐작할 수 없는 것이라 언제 어디서라도 행여 그가 본다면 만나지리라. 죽는 날까지 수표 뒷면에 쓰여질 내 작업은 계속 될 터이고, 그 일이 허망하고 부질없는 일이 아니길 바람해 본다.

그도 하이네의 싯귀를 기억하리라는 설레는 마음을 안고…….

흙

모든 사물을 손으로 만지고 눈으로 보며 느낌을 전달받았으나 흙은 늘 나에게 생소한 물질이었다. 흙으로 돌아간다, 흙에 살리라 등 많은 추상적인 말들이 있지만 직접적인 접촉이 없는 나에게는 그것은 늘 떠도는 말이었다.

내 몸 어느 곳에 흙이 묻거나 하면 툭 털어내며 싫었고, 친밀감을 느끼지 못하고 살다 이번에 어렵사리 천평이나 되는 운동장 같은 밭뙈기를 사고 보니 흙천지였다. 남편과 나는 기쁨으로 넘쳤으나 과연 이 흙을 어떻게 일구어 수확을 할 것인가하는 큰 걱정에 휩싸이게 되었다.

맨 처음 흙을 손으로 만지려니 내 것이 아닌 것 같아 잠시만 만져도 씻어내고 장갑을 찾고 하며 남편을 무던히도 원망을 했다. 어쩔려고 이렇게 많은 땅을 사서 사람을 골병들이느냐며 대들기도 몇 번, 남편은 잘 협조하지 않는 나를 바라보고 못내 서운해하면서도 이해하는 듯 했다.

그도 그럴 것이 도시에서 자란 여자와 결혼해 농촌에 와서 산지 17년이 되도록 그 역시 흙과는 동떨어진 상업으로 생활하다보니 모르는 것은 둘 다 마찬가지였다. 그래도 그는 장갑도 안 끼고 흙 만지기를 좋아했다. 시간만 있으면 천평이나 되는 운동장 같은 그곳에 가서 일을 하고 왔고, 모자에서 양말까지 어디 한 군데 흙을 안 묻혀 오는 날이 없었다.

흙이 우리 부부의 시비거리가 되었지만 이미 시작한 일이라 협조 안 할 수가 없었다. 고추, 콩, 고구마 등을 심고 밭일은 시키지 않고 일손을 빌려서 일을 하고 아침저녁으로 나를 태우고 밭에 가며 좋아하는 남편을 바라보니 어느 순간 머리가 저절로 숙여졌다. 나는 감상적으로만 자연을 생각하고 관찰하며 살았지만 남편은 실제적인 체험으로 자연으로 돌아가고 있었던 것이다.

많은 농촌 사람들이 땅을 일구어 생산하고 수확을 거두며 조용한 일상을 보내는 것은 자연과의 친밀함 때문이리라. 남편은 쓸모없는 땅을 매립하여 흙에 온 몸을 비벼대며 땀을 흘렸고 내일이면 나를 데리고 또 그곳에 가서 미래를 꿈꾸리라.

거울

환하게 밝아오는 새벽이 오면 잠자리에서 일어나 세수하고 제일 먼저 인사하는 상대는 거울이다. 늘상하는 습관이지만 거울 앞에 앉아 있을 때 만큼 차분하기는 드물다. 잠시 앉아 투영되어지는 깨끗하게 세안되어져 있는 내 얼굴, 깨끗한 맨손으로 얼굴을 몇 번 비벼주고 "자, 오늘 하루도 시작이야."하는 말 속에는 여러 의미가 잠재되어 있다. 주어진 24시간에 대한 충실한 생활과의 약속. 기쁨은 이웃과 슬픔은 내 홀로라는 슬로건. 어떤 문제 발생 시 남 탓하지 말고 내 탓으로 돌리자 등등이 있지만 제일 먼저는 흔들리지 않는 내 자신을 만들고 싶어서이다.

그리고 오후쯤되면 다시 한번 대면하는 거울이다. 머리 형태가 변했으면 다시 한번 손질하여 제자리, 제모습 갖추어 놓고 조금 탄력잃은 얼굴과 눈가에 자리잡은 주름에는 손가락 끝으로 꼭꼭 눌러주며 몇 마디 당부를 한다.

"괜찮아. 괜찮아, 웃어서 생긴 예쁜 주름이야."하면 금방 얼굴을 환하게 웃으면서 거울을 내게 말한다.

"주인님. 고마워요. 예쁜 주름 만들어 드릴께요."

우리는 서로 고개를 끄덕이면서 서로를 확인한다. 그리고 거울 앞에서 얼굴을 들이내밀고 제일 자세하게 보는 것은 치아이다. 깨끗한 치아를 확인하고 나는 거울을 잊어 버리고는 생활 속에 묻혀 버린다.

밤의 서막처럼 어두움이 밀려오면 한번도 내게 다가오지 않고 늘 내가 찾아 가는 곳이 거울이다.

거울 앞에 무릎을 꿇고 앉아 씩 한번 웃어본다. 거울도 따라 웃는다. 맨손으로 맨 얼굴을 비벼본다. 피부온도가 조금 증감되면 나는 가벼운 화장을 하고 본다. 거울 안에 있는 나는 내 자신이다.

이렇듯 깨끗하게 투영되어지는 내 모습을 보며 내가 어떻게 살아 왔으며, 또 어떻게 살고 있으며, 앞으로 어떻게 살아갈 것인가 하는 내 자신과의 끊임없는 질문과 대화 속에, 세월과 세파 속에 감싸안는 고통과 인내 속에, 내가 너를 얼마나 사랑하며 살아왔는가 하며 한참을 바라보니, 내 눈이 아리하게 아파오고 영원히 잠들지 않는 거울, 내 인생의 파수꾼을 믿으며 피곤한 육신을 이끌고 행복한 잠에 취한다.

정귀숙

슬픈 춤

분재의 가르침

장날

어머님을 생각하며

딸의 사진을 보면서

슬픈 춤

시작과 끝, 플러스와 마이너스, 있는 자와 없는 자의 차이는 한 웅큼의 공간이 아닐까! 진창에 몸을 뒹구는 듯한 야릇한 쾌감. 그랬다.

정년퇴임을 눈앞에 둔 사내가 흔들리는 버스에서 고독을 삼키며 뼈가 녹아내린 듯 허물어지는 모습을 보았다. 힘겨운 욕망의 끈을 움켜쥐고 썩은 동아줄에 매달린 것처럼 불안스런 눈빛으로 온 몸으로 흐느적거린다. 그녀는 별안간 애처롭다는 생각이 들었다. 사내의 눈은 알콜에 젖어 이미 초점은 없다. 그냥 있어도 흔들리는 버스 안에서 귀가 찢어질 정도로 크게 울리는 음악에 맞춰 "탱고 탱고 탱고춤을 춥시다." 이건 완전 망가진 상태다.

그녀 자신도 모르게 슬픈 춤을 춘다. 그래도 변명은 오늘은 집 나온 여자이니까 집에 대한 모든 것은 잊어버리고 지금 이 순간을 즐기자, 그리고 내일은 또 내일의 해가 뜰 것이고, 내일 내 삶에 충실하면 된다고 안 그래, 그녀는 혀 꼬부라진 소리를 한다. 옳고 그릇됨을 매일 매일 몰카로 찍는 사람도 없을 것이고, 그런 기준을 누가 정할 것이며 내 삶을 대신 살아줄 사람도 없어. 오직 이것은 나에게 주어진 나만의 공간이야. 그 길을 지나는 이도 나란 말이다. 오늘은 엔돌핀의 지수가 머리끝까지 올라 간다구, 그녀는 무아지경으로 흔들어댄다. 이것이 오늘 그녀의 일과였고 슬픈 여행이었다.

다음날 그녀는 초점 없는 눈으로 하늘을 올려다 본다. 그 남자의 흐느적거리던 몸짓이 떠오른다. 그래 웃자 웃자고 덧없는 인생 바람에 몸을 맡긴 저 구름과 다를 게 뭐람, 긴 시간 헤엄쳐 지나면 그만인 것을, 그것도 모르고 저 강 건너, 저 산 넘어는 쨍하고 해 뜰날만 기다리는 줄 알고…….

그녀는 지금 출근 시간이 늦은 것도 잊고 멍하니 앉아 있다. 후다닥. 서두른다. 입에서 풍기는 술 냄새도 진저리친다. 이놈의 술을 왜 이리도 많이 마셨지! 혹시 어제 실수한 것은 없는지 샤워를 하면서도 머리는 바쁘게 돌아간다.

출근 후 바쁜 일을 정리한 다음 어제 일을 되새겨 본다. 아침에는 화장하고 간단한 여행복 차림으로 멋을 내고 썬글러스, 양산, 창모자를 챙기고, 미니 머플러를 목에 두르고 아주 얌전하게 버스에 올랐고, 점심 때까지는 귀부인처럼 행세했다. 그 이후 배를 타고 낭만을 즐기려다가, 맞다, 그때부터다. 친구가 야, 이렇게 먼 산만 보고 있으면 어떻하냐, 술 한 잔하자구, 옆에 있는 아저씨 보고 한 잔 사라고 한다. 이왕 놀러왔으니 기분 잡치지 말고 놀자구나. 우린 지금 시속 54킬로로 달리고 있다고. 눈 깜짝할 사이에 저 낭떠러지로 골인한다고, 거기는 너무 깊어서 지구를 몇 바퀴 돌아야 올라 올 수 있는 곳이니까, 그냥 골인하는 날 끝이라고 생각하고 지금 즐겁게 놀자구나.

"그렇게 하시죠."

"이왕 놀러왔으니 즐겁게 놀다 갑시다."

"오늘 이렇게 만난 것도 인연인데……"

사내는 공무원으로 정년을 얼마 남겨두지 않았다고 하였다.

"인생 잠깐입니다."

얼마 전까지만 해도 마누라가 챙겨줘서 별불편함 없이 살았는데 마누라가 아파 병원에 입원하고 보니 "된장찌개 하나도 끓이지 못하겠더구만"하면서 제법 철들은 말을 하였다.

그녀는 속으로 '있을 때 잘하지, 지금하는 수작을 보니 마누라 속 많이 썩었겠구만, 이제 부터라도 고생 좀 해봐라, 이 늑대야.' 하고 되뇌였다.

사내는 이때부터 술이 얼큰히 올랐고 그녀는 조금씩 조금씩 먹는 시늉만 했다.

'조심해야지 이 나이에 놀러 와서 무슨 추태람. 저 아저씨 정말 무너지고 있구먼. 거기에 휩쓸리면 안되겠다.'

"정신 차리자."

정년을 앞둔 사내, 마누라까지 병원에 입원했으니 인생 덧없음에 저리도 온몸으로 흐느끼는구나. 그래 지금부터라도 소중한 줄 알아라. 사내라고 뭐 대단한 줄 아냐? 집이 편해야 만사형통이라고, 가화만사성도 모르냐?

파리가 성가시게 달겨든다. 쫓아도 쫓아도 끈지게 따라오는 파리놈, 그래 내가 가만 둘까 봐라. 파리채를 잡았다. 파리는 몸을 바짝 낮추어 날아오를 준비를 한다. 때를 놓칠 수야 없지. 파리는 허멀건 물을 쏟으며 머리를 쳐박고 궁둥이를 위로 치켜들고 뒷발만 비벼댄다. "요놈. 죽어봐라" 냅다 후려쳤다. 어휴 속이 시원하다. 성가시게 굴더니만 잘 잡았다. 그래도 파리에서 눈을 돌릴 수 없었다.

흐느적거리던 사내의 몸부림이 생각이 났다. 발을 비벼대는 파리를 보면서 왜 그 생각을 했는지 모르겠다. 미물이나 인간이나 생명이 있는 것은 나고 죽음에 별반 차이가 없지 않을까? 어떤 방법이든지 마지막 몸짓을 하는 것 같다. 우습다, 감히 인간을 파리에서 생각을 가져오다니, 왠 종일 머리가 복잡하다.

이제는 슬픈 춤도 즐기면서 출 수 있을 것 같다.

분재의 가르침

지난 겨울 화분을 실내에 들여놓다가 별로 예쁘지도 않으면서 가시까지 달린 분재 하나를 실외 계단 밑에 넣어 두었다. 계단 밑에 넣어 두고 생명이 있는 것이라 가끔 물 한 번씩 주고는 겨우내 밖에 그냥 버려두다시피 했다.

크고 값있는 동백, 관음죽 등은 실내에 두고 정성껏 관리했지만, 원래 밖에서 자라는 동백은 주인을 잘못 만나 모두 죽었다. 그러나 계단 밑에 버려둔 튤립과 그 분재는 이른 봄 생기가 돌고 뾰족한 잎이 돋아났다.

아 미안하구나, 정말로 미안하구나. 꽁꽁 언 한 줌의 흙 속에서 뿌리박고 살아있는 분재를 바라보니 미안한 마음에 가슴이 뭉클해졌다. 분재 앞에 몇 십 분을 앉아 생각했다. 네가 나에게 많은 것을 가르쳐주는구나. 물고기는 물에서 살아야 하고, 송충이는 솔잎을 먹고 살아야 하는 가장 기본적인 상식을 우리는 잊고 살아가는 것이 아닌가 하는 생각이 들었다.

농사꾼의 자식으로 태어나 힘든 농사일은 마다하고 노력도 하지 않고 일확천금을 노리는 사람들에게 이 분재의 가르침을 들려주고 싶다.

60년대 동네 어른 한 분을 송기댁, 송기댁 부르길래 영문을 물어보니 워낙 가난해서 송기떡(소나무 속껍질을 벗겨 만든 떡)을 만들어 끼니를 이어온 탓에 붙여진 별명이라고 하였다. 지난 날 그 분들의 피나는 노력 끝에 오늘 우리는 먹는 것, 입는 것은 걱정이 없다.

온실에서 자란 아이들의 장래가 걱정이 되었다. 지금이라도 어려웠던 과거를 가끔 얘기해 주면서 근검 절약하는 방법, 일의 소중함을 일깨워주자. 시대에 적응할 수 있는 아이로 키워가자. 오늘 나의 모습이 내일 내 자녀의 모습일 것이니 하루하루를 알차게 살아가는 모습을 보여주자. 뿌리 약한 나무는 오래 가지 않아 화목으로 사라지는 것이다. 내가 어디에서 와서 왜 우리라는 무리 속에 한 분자로 그 역할을 다하고 살아야 하는지를 가르쳐 주자.

"몸으로 가르치니 따르고 입으로 가르치니 반항하더라."

중년의 나이, 한 세대 뒷켠에 설 우리가 지금 당장 배불리 먹이고 남부럽지 않는 생활을 영위해 주는 것만이 최선의 길은 아닐 것이다. 고진감래(苦盡甘來), 분재가 내게 가르쳐 준 교훈이다.

장날

날이 밝기도 전에 아우성이 들려온다. 노점 상인들의 한 뼘 땅 싸움. 삶의 연극이 시작된 것이다.

"할매, 와이카는기요?"

먼저 자리를 잡은 새댁의 음성이 들린다. IMF로 실직이 된 남편과 장사를 시작한 뜨내기 초년생이 장날마다 자리다툼을 한다. 그 자리에서 장사를 하던 할머니와 한뼘 도로를 점령하기 위해 실랑이가 시작된 것이다. 배추 한 트럭을 싣고 온 새댁은 할머니에게 미안한 마음은 있지만 생물이라 그냥 물러 설 수 없는 모양이다.

한참 실랑이를 벌인 뒤 할머니는 떠나고 새댁이 배추를 다듬으며 손님을 부른다. 시골장은 대부분 안면 장사인데 시골 생리를 잘 모르는 새댁은 웃다가, 아니 웃어 보이다가 남 모르는 한숨을 닦아낸다. 오전이면 끝나버리는 장을 왼종일 지키고 있다.

배추 옆에는 미꾸라지, 호박잎, 고구마, 고구마줄기, 박 등 시골 밭에서 생산되는 물건들이 할머니 보따리에 실려와 얼기설기 자리잡고 있다. 조금 돌아가면 어물전에는 파리를 쫓기 위해 피워 놓은 모기향이 생선 특유의 냄새와 함께 이상 야릇한 냄새를 피우고 있다. 냉동생선이 대부분인 요즈음 장날에만 뜨내기 리어카에 싱싱한 생선을 볼 수 있다.

오후가 되자 호박잎을 팔러온 할머니가 투박한 손으로 천원짜리 몇 장이 든 전대를 풀어 영감님 반찬으로 생선을 산다. 옆에 모란을 팔러온 할머니가 할아버지의 안부를 묻는다. 영감은 문밖 출입이 힘드니까 악만 남아 입맛까지 까다롭다고 넋두리를 풀어 놓는다.

할머니는 또 물어본다. "장날마다 보이던 그 윗동네 김아무개가 보이지 않는데 어디 갔지?", "예, 그 사람 갔지요.", "아직 갈 때가 안되었는데 안타까운 사람"하면서 먼저 떠난 사람의 흔적을 더듬고 권아무개는 멀쩡하던 사람이 반신불구가 되어 한번씩 보이더라고 전한다.

시골 5일장은 물건만 사고 파는 것이 아니라 서로의 안부를 묻고 넋두리와 인정도 파는 만남의 장소이다. 평생 막이 내리지 않는 인생 무대에서 5일마다 꾸미는 무대의 모습은 화려하지도 않고 너저분하지도 않지만 가끔 코끝을 찡하게 하는 구수한 정과 포근함이 느껴진다.

삶의 참모습 그대로 사람과 사람이 부대끼며 뿜어내는 사람의 냄새가 난다. 파장이 되면 텅빈 장터에는 파리떼가 등장하고 주정뱅이의 한풀이가 시작된다. 이내 전등이 켜지고 뒷정리를 하는 상인들의 어깨는 축쳐져 있다. IMF 영향 때문인 것 같다.

어머님을 생각하며

세상의 모든 굴레에서 벗어난 육신, 그 날 나는 천사를 보았다.

이승의 모든 것 다 내어준 육신, 참으로 편안해 보였다. 감히 천사를 보았다고 말할 수 있는 것은 내 느낌으로는 분명 천사를 보았기 때문이다.

몇 년 전 「몽실언니」의 작가 권정생 선생님을 뵈었을 때는 어린아이를 본 느낌이 들었는데 어머님의 시신 앞에서 나는 천사를 보았다. 시어머님은 살아 계실 때 항상 근심에 찬 모습이었다. 내가 시집올 때 친정에서는 그런 시어머님의 모습을 보고 시집살이 꽤나하겠구나 생각했었다.

그러나 어머님은 참으로 여장부였다. 옳고 그릇됨을 분명히 하셨고, 같은 여자로서의 며느리를 이해해 주셨다. 한번은 남편과 묵언의 실랑이가 보름쯤 이어졌는데 하루는 어머님께서 부산 큰 고모댁(시누이)에 다녀오라고 하셨다. 아이를 등에 업고 부산까지 버스를 타고 갔지만 우리 내외는 한마디 말도 하지 않았다.

어머님께서는 미리 시누이에게 전화를 해서 동생을 잘 타이르라고 하셨던 모양이다. 우리 내외의 화합을 위해 이유도 없는 나들이를 시켜 분위기를 바꿔주셨고, 속이 상해 있으면 "얘야 그래도 너는 말대꾸라도 해보지 않니, 방 봐 가면서 똥 싸라고 그런 말도 못하고 사는 사람도 많이 있다. 그래도 너는 다행 아니냐." 고 하시면서 위로해 주셨다.

어느 해였던가. 신년 첫 예배를 드리고 와서 미처 성경책을 숨기지 못하고 아침밥을 준비하다가 어머님에게 들통이 났다. 어머님은 불교 신자이고 나는 기독교였다. 그 때 어머님은 조용히 말씀하셨다.

"너는 막내며느리이고 언젠가는 살림을 따로 차릴 것이니 그 때 가서 교회에 가거라. 그땐 말리지 않겠다. 하지만 지금은 한 솥밥 먹고 있으니 두 종교를 믿는 것은 이롭지 못할 것 같다."고 하셨다.

나는 도저히 거역할 수 없었다. 틀린 말씀이 아니기 때문에 일년에 두 번 크리스마스나 신년 첫 예배에 가던 교회도 쉬게 되었다.

나는 어머님이 돌아가신 뒤 이런 글을 썼다

손씨 집에 자라시어

김씨 집에 뿌리박고

육십 년을 살으시고

아들 딸 육남매

……

어머님 살아생전 육남매의 몸체인 어머님은 가지마다 이는 바람과 가지에 달린 작은 가지의 바람까지 몸으로 지탱해야만 했기에 그렇게 근심에 찬 모습을 하셨던 것 같다. 손톱 밑에 가시 하나 박혀도 아파 못견디는데 연약한 가지에 상처가 났다면 그 몸체인 어머님은 얼마나 고통스러웠을까? 고목이 쓰러진 자리에 새 나무가 고목의 영양을 빨아먹고 거목이 되듯이, 연약하던 어린 자식들도 이제는 각자 가정을 이루고 가지를 뻗어나간다.

어머님은 1918년 6월 12일생이시다. 일제 강점기를 거쳐 6.25를 몸소 겪으시고 허허벌판 하천 부지를 옥답으로 일궈내셨다. 그 비지땀으로 키운 자식이 내 남편이다.

어머님은 간암 말기로 3개월 가량 투병생활을 하셨지만 단 한 번도 대소변을 자식들에게 받아내게 하지 않으셨다. 엉금엉금 기어서 화장실에 가면 변기를 붙잡고 간신히 변기통 위에 앉아 볼 일을 보고 마루에 와서 누우셨다. 부축을 하려해도 "너는 바쁘니 어서 가게에 가 보거라. 내 혼자 할 수 있다."고 하시며 극구 말리시곤 하셨다. 복수가 가득한 배로 나를 안아주시기도 했다.

그날 이후 나는 남편과 다투지 않기로 마음을 먹고 남편이 언성이 높아지면 입을 다물어 버렸다. 다시는 싸우지 않기로 맹세했다. 그날 이후 지금까지는 남편과 다투는 일이 없다. 복수로 가득 찬 어머님의 모습을 내 기억 속에서 도저히 지워버릴 수가 없기에 앞으로도 그렇게 살아가려고 노력할 것이다.

어머님이 돌아가신 뒤 아버님께서도 일년만에 어머님 곁으로 가셨다. 아버님은 대세를 받고 가신 어머님 곁으로 가시기 위해, 일년동안 열심히 성당에 가셔서 영세를 받았다. 어머님이 떠나신 후 일년동안 아버님의 생활은 허무했다. 자식이 열 있어도 악처 하나만 못하다고 자식이 아버님께 해드릴 수 있는 것은 밥 세끼 챙겨드리고 방 청소하고 빨래해드리는 것 외에는 아무 것도 없었다.

아버님뿐만 아니라 나에게도 어머님의 빈자리는 너무나 컸다. 일년에 네 번 제사가 있는데 어머님 돌아가신 뒤 첫 번째로 다가오는 제사를 잊어버리고 있다가 밤 열시가 되어 생각이 났는데 부랴부랴 시장을 보러가도 다 갖추지 못하고 제사를 지낸 적이 있었다.

이제는 새 달력이 나오면 제일 먼저 달력에다 커다랗게 동그라미를 치고 아버님, 어머님, 증조부, 증조모, 조부, 조모 제사라고 적어둔다. 이제 나도 어머님을 닮아가고 있는가 보다.

딸의 사진을 보면서

사진첩을 펴본다. 나도 모르게 회심의 미소가 새어 나온다. 한편, 가슴 깊은 곳에서는 미안한 마음과 고맙다는 말이 솟구쳐 오른다.

사진 속 딸아이는 꿀에다 들깨를 저며놓은 꿀단지를 끌어안고 배시시 웃고 있다. 손과 얼굴에는 온통 들깨를 발라놓고 엄마 얼굴을 쳐다보며 살포시 웃는 딸아이가 사진 속에 있다.

그리고 소 옆에서 소 흉내를 내며 입을 쑥 내밀고 찍은 사진, 사다리 위에서 쭈그리고 앉아 찍은 사진, 세워둔 지주대 가운데 앉아 손을 지주대 모양을 하고 찍은 사진, 재롱이 발표 때 간호사역을 맡아 약을 먹이는 사진 등등 이제 그 아이가 사회인이 되어 엄마와 같이 쇼핑하기를 좋아하고 월급을 타면 엄마 필요한 것 없느냐고 물어온다.

모든 부모가 그러하겠지만 변변히 해 준 것도 없는데 저보다는 부모에게 무엇 하나라도 더 사주고 싶어하는 딸아이가 고맙고 대견스럽다. 가끔은 의견 충돌도 있지만 악착스럽게 달려들지도 않고 엄마에게! 져 주는 딸아이다.

25년 전 일이다. 어느 해 추석, 서울에서 직장생활을 하다가 집에 들어올 때였다. 그때는 교통이 좋지 않아 아버지께서 작은 보퉁이를 자전거에 싣고 기차역까지 나오셨는데 기차가 올 때까지 기다리면서 쭈그리고 앉아 계신 뒷모습이 너무 작고 빈약하여 가슴이 메어지는 눈물을 흘린 적이 있다. 그때 꼭 해드리고 싶었던 것이 들깨에 저민 꿀이었다.

70년대 경제적으로 어렵던 때라 마음만 있었지 끝내 못해 드리고 시집 와서도 항상 마음에 걸려 아이 둘 낳고 난 후 어느 날 두 병을 져며서 한 병은 아버지께 드리고, 또 한 병은 남편에게 해 주었던 것이다.

사진 속 딸아이는 내 기억을 되살리며 웃고 있는 것이다. 우리 부모님도 지금 내 마음처럼 이러했던 것 같다.

몇 해 전 농촌에는 봄 돈이 귀한 것 같아 농사 밑천하시라고 얼마를 드렸는데 아버지는 한사코 마다하시는 것을 어머니께 드리고 왔더니 그날 저녁 아버지의 전화가 왔다. 아버지께서는 울먹이시며 "내 너거들한테 해준 것이 없는데 참 고맙다. 그래 잘 쓰마." 라고 말씀하셨다.

생각해 보면 25년을 길러준 부모님이신데 그것이 무어 그리 큰 것이길래 가슴 깊숙한 곳에 재워두었던 과거를 끌어올리며 울먹이셨을까. 그런 부모님이 계셨기에 내가 지금 딸아이에게 이런 고마움을 느끼는 것일까?

얼마 전 우리 독서회에서는 이청준의 「축제」를 읽고 토론을 한 적이 있다. 책 속에서 나타낸 어머니의 마지막 모습은 어머니가 자식들에게 모든 것 다 내어주고 하얗게 빛바랜 모습으로 이 세상을 떠나시는 모습이 그려졌다. 주고 또 주고 하이얗게 빛 바랜 조개껍질처럼 빈손으로 가시는 모습.

부모님과 떨어진 시간이 25년이다. 10년이면 강산도 변한다던데 내 키보다 훌쩍 커버린 딸아이가 내 결혼 시작의 나이에 있다. 나는 딸아이의 방을 서성인다.

'딸의 마음에 나는 어떤 엄마로 자리잡고 있을까?', '이 집 문밖을 나서면 이제 엄마와 오손도손 얼키는 일들이 그리 많지 않을텐데, 사랑이 그리워 손을 줄줄 빨던 딸아이의 가슴을 무엇으로 꼭꼭 채워줄까?' 이런저런 생각으로 시간을 채우는 동안에도 딸아이는 해맑은 모습으로 나를 향해 환하게 웃고 있다.

정귀순

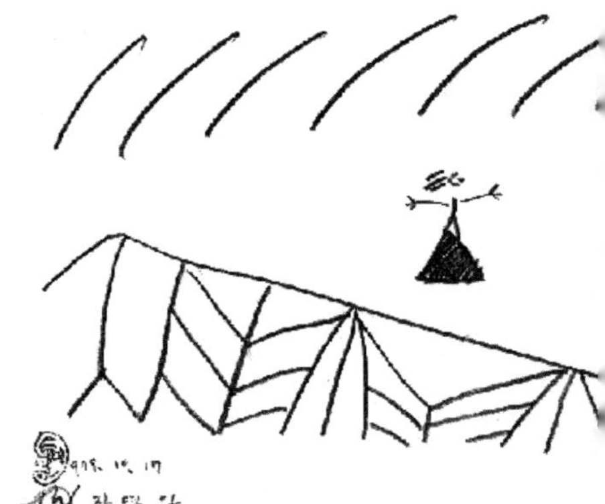

홀로 나선 일본 여행
어머니는 여자를 낳는다
왜 그리 바쁩니까

홀로 나선 일본 여행

따르릉 전화가 울렸다. 동경 대우지사에 근무하는 아들의 전화였다. 며느리의 출산을 앞두고 나를 동경으로 불러들이려고 "엄마, 혼자 일본에 올 수 있겠지요."라는 말에 나는 얼떨결에 그러마고 대답하였다. 아들은 "울 엄마 다른 엄마보다 똑똑하니까"하고 나를 치켜세우면서 홀로 떠나는 것에 대한 두려움을 없애주었다.

그러나 막상 그러겠다고 대답은 했지만 마음 한 구석에서 '괜히 대답했다' 하는 두려움이 앞섰다. 나는 들뜬 마음으로 김해공항을 출발했다. 비행기를 타면 항상 불안했다. 행여 떨어질까봐 살만큼 살았지만 그래도 겁이 났다. 전에는 옆에 영감님이라도 계셔 불안은 했지만 그래도 안심이었는데 지금 이 순간은 불안해 두 주먹으로 의자를 꽉 붙잡았다.

조금 있으니 비행기가 이륙을 했나보다. 몇 분 있으니 기내식이 나왔다. 왜 그런지 그 별미도 혼자 먹으니 맛이 없었다. 이래저래 생각다보니 벌써 하네다공항에 도착했다. 비행기에 내리니 왠지

길 잃은 아이처럼 그저 두리번거렸다.

하네다공항은 깨끗하고 정돈이 잘된 것 같다. 일본은 두 번 와 본 곳이지만 혼자라니 어쩐지 내 자신이 이렇게 작아 보이는지 알 수 없다. 그러나 사람들 따라 줄줄 나왔다. 일단은 신찌꾸행 버스 홈을 찾아야 했다. 어느 홈이 신찌꾸홈인지 가슴 졸이며 간판을 찾았다. 그래도 부모님 덕에 영어와 일어가 보였다. 아들의 단단한 당부를 기억하면서 신찌꾸행 리무진 버스를 탔다. 그때만 해도 리무진 버스가 얼마나 좋은 버스인가 하고 생각했다. 지금 생각하면 쓴웃음이 나온다. 리무진이란 미국의 대륙횡단하는 비행기 다음의 버스인줄 알았다. 그러나 버스는 버스였다.

차를 타니 서양 사람들이 많았다. 나는 그들 옆에 자리잡고 앉았다. 목적지까지는 약 1시간정도 걸린다. 버스가 움직이니 긴장된 마음이 조금 놓였다. 차창 밖을 내다보니 우리의 산과 푸르름은 다른 것이었다. 그러나 자세히 보니 정말 놀라웠다. 고속도로의 가로수! 그리고 산과 나무들이 어찌 그리 줄을 지어 심었는지 모르겠다. 우리네 고속도로 주변은 가로수는커녕 경제성 없는 잡목투성이, 겉으로는 그저 푸른 산이지만 아무렇게나 질서 없이 제멋대로 자란 풀과 잡목들! 그러나 그들은 어떻게 질서정연하게 가꾸었을까? 백년을 내다보는 그들의 인내심과 안목은 배워야만 될 것 같다.

이 작은 곳은 순간이지만 보이지 않는 곳은 어떠하겠는가. 그래서 그들은 2차 세계 대전을 치른 나라지만 아무런 표 없이 부를 누리고 잘살고 있나보다. 버스가 가다가 길을 비켜선다. 좀처럼 이런 일이 없는데 약 20분간 기다렸다. 밖을 내다보니 요란한 오토바이 소리와 불 켠 세단들이 줄줄이 지나가고 있다. 일본 천왕이 미국에 갔다 오는 길이었다. 모든 차는 비켜섰다. 그들의 천왕은 민족의 상징이요 어버이처럼 지주처럼 대전쟁이 지나가도 천왕은 그렇게 잘 모셔져 있었다. 스쳐가는 한 순간 우리 이씨 조선은 해방과 더불어 어디로 사라졌는지 가슴이 아프다.

버리고 바꾸는 것, 어찌 그리 쉽게 하는 이 민족인지 우리는 그렇게 헌신짝 버리듯 쓸어버리고 무엇을 얼마나 얻었는지 모르겠다. 잠시라도 생각하니 가슴에 무엇인가 치밀어 오른다. 천왕은 누구도 불평하지 않는 그들의 어버이요 그들의 상징이다. 그 바탕에 세워진 국가관은 오늘의 20세기 혼란하고 다양한 문화가 세계를 휩쓸지만 그들의 문화와 전통은 잃지 않고 잘 다져져 경제와 나란히 잘 살고 있다.

우리는 자유와 다양한 문화는 이루었지만 뿌리 없는 죽순처럼 이곳저곳의 전통 없는 문화가 어디서 들어와 틀을 잡고 앉았다.

계산 없이 내려오는 우리의 미풍양속은 어디로 사라지고 막다른 개인주의와 현실에 급급한 모든 것들 어디로 흘러가고 있는지 알 수 없는 이상한 문화와 풍속으로 흘러들어가고 있다.

나 혼자의 좁은 소견인지 모르지만 모든 것, 편리한 과학 문화 속에 살고 있지만 매말라 가는 인정과 정서는 자꾸만 희미하게 사라져 가는 것 같다. 이것도 뿌리 없이 뿌려진 결과인지 하고 잠깐 뇌리에 스쳐가고 있다.

버스는 점점 신찌꾸쪽으로 가깝게 들어가는 것 같다. 몇 정거장에서 손님이 내리기 시작했다. 아들은 마지막 정거장에서 기다리겠다고 했다. 그러나 어디가 마지막 정거장인지 점점 불안했다. 너무나 번잡한 거리여서 이곳 저곳에 손님은 거의 내린 것 같다. 마지막 정거장은 모든 손님이 다 내린다고 생각했다. 외국손님과 몇 사람의 동양인은 내리지 않아 나도 앉아 있었다.

불안해서 누구에게 물어야 하기에 마침 앞에 앉은 두 여인이 한국말로 이야기하기에 반가워서 "미안하지만 신찌꾸 마지막 역을 좀 가르쳐 주세요." 하니 대뜸 "와까리마센" 하고 일본말로 냉담하게 대답을 한다. 내가 분명히 한국말 이야기하는 소리를 들었는데 그는 일본어로 모른다는 말 한마디 던지고는 내려버렸다. 일본인양 행동하는 교포들(차림세를 보니 교포 같다)이 너무도 얄미웠다. 한편 그렇게 신분을 감춰 가면서 살아야하는 그네들이 불쌍하기도 했다. 그것도 국력이 약했을까? 지금은 당당하게 살 수 있을 건데…….

그래서 하는 수없이 버스 기사에게 "디스이즈 카카가 신찌꾸 라스토 스테이션 오바."하고 손짓을 하면서 영어로 물었다. 급한 김에 어설픈 영어가 튀어나왔던 것이다. 기사는 고개를 갸웃둥거리면서 "와까리 마센"이라고 대답한다. 일본사람은 영어가 전혀 안된다는 사실을 나는 몰랐던 것이다.

그랬더니 옆에 앉은 서양 사람이 빙긋이 웃으면서 "신찌꾸 스테이션 오바"한다. 기사는 눈치를 챘는지 이 손님은 호텔로 가는 손님이라 모두 내려주러 간다고 했다. 나는 너무 부끄럽고 황당했다. 정신을 차려서 그 짧은 일본어로 "와다구시와 신찌꾸 에키에 가이마쇼"했더니 아 그러냐고 하면서 가만히 앉아 있으라고 했다. 친절한 그들은 다른 차에 옮겨 타게 해 줄 터이니 걱정 말라고 한다. 나는 두근거리는 가슴을 가라앉히고 생각하니 되지도 않는 영어와 일어로 뭐라고 했는지 얼굴이 화끈거렸다.

부끄럽고 당황했으나 한편으로는 노인네가 용감했다. 친절한 일본기사는 나를 반대로 가는 차에 앉혀두고 내리라고하면 그 때 내리면 된다고 하였다. 나는 한참을 가서 내렸다.

아들을 보는 순간 눈물이 왈칵 나왔다. 짧은 순간에 그렇게 고생했는줄 모른 아들은 나를 보고 반가움도 뒷전이다. 아들은 다짜고짜 "그렇게 가르쳐 주었는데 신찌꾸 종점도 모르고 어디 그 쪽에서 오느냐."고 핀잔을 주었다. 나는 아무런 변명도 하지 않고 흘러내리는 눈물만 닦았다. 아들은 나를 다시 힐끔 쳐다보면서 "꺼꾸로 와도 용케 찾아 왔네."하면서 그제서야 "엄마, 고생했지요." 한다. 그러나 나는 어렵게 찾아왔는데 그렇게 아들이 핀잔을 주니 성이 나서 아무 말도 하지 않고 아들집으로 왔다.

아들은 내릴 곳을 떡먹듯이 가르쳐주었는데 30분이나 지체하여 엉뚱한 곳에서 내렸으니 아들은 아들대로 걱정이 태산이었다. 아무래도 어머니가 낯선 이국땅에서 길을 잃은 모양이다싶어서 한국으로 전화하여 아버지에게 몇 시에 떠났느냐고 물었고, 아버지는 아버지대로 전화통에다 대고 "공항까지 마중 갔으면 그런 일이 없지."하고 아들에게 언성을 높였다고 한다. 아들은 아버지의 원망소리에 어머니가 이제 국제 미아가 됐나하고 현해탄을 사이에 두고 30분간이나 야단법석을 했다고 하였다.

나는 집에 와서 그간의 자초지종을 이야기했더니 온 식구가 배를 움켜잡고 웃었다. 이렇게 사람은 어려움이 생기면 해결책이 생기는 것인가 보다. 지금도 가만히 혼자 생각해보면 왜 그런 실력

밖에 되지 않는 영어로 말을 했는지, 용감할 수 있었는지 그때를 생각하면 쓴웃음이 절로 나온다.

어머니는 여자를 낳는다

"한 사람의 어머니는 백 사람의 교사와 필적한다."는 말이 있다.

세상에는 자격증이 많다. 자격증이 있어야 대학교수도, 교사도, 박사도, 과학자도, 장인도 인정을 받지만, 딸과 아들은 하늘이 부여해주신 어머니 자격증으로 만드셨다.

어머니는 늘 인자하셨고, 어머니는 보이지 않는 인륜으로 가르치셨고, 어머니는 인내와 정직으로 몸소 행하셨고, 어머니는 열심과 부지런함으로 가르치셨다. 그 어머니 밑에서 자란 세대는 사회를 이끌어주는 많은 인물이 속출했다.

그 어머니는 세상을 바로 볼 줄 아는 여자를 키워 보이지 않는 곳곳에서 지탱목으로 쓰여진 그릇들이 되었다.

그러나 지금의 여자는 소리는 점점 커지고 청바지 입고 바늘을 모르는 오로지 일류대학 지망생의 여자가 되었다. 그 여자가 낳은 자녀는 지금 어떻게 살고 있는지 그들이 만들어준 과학의 힘으로 편리한 세상을 만들어준 혜택은 누리고 있지만 마음의 정서는 어디로 갔는지 잡을 길이 없다.

과학은 우리가 상상할 수 없는 곳까지 다달았고 경제는 사공 없는 배처럼 어디로 흘러가고 있는지 조차 모른다. 한 배를 타고 네 탓이니 내 탓이니 하는 구호만 외치고 있다.

우리는 지금 무엇인가를 잃어가고만 있다. 이 병을 고쳐 주시는 이는 하늘이 주신 자격증으로 좋은 재목을 키워주는 어머니인 것이다. 재질이 좋으면 썩지 않고 견고하고 윤이 나는 것처럼 어머니는 여자를 가꾸어 세상에 놓아 구석구석 썩지 않는 중화제 역할을 할 수 있게 한다. 이 사명은 아무도 할 수 없는 어머니 사명인 것이다. 아무리 좋은 고속전철 떼제베가 있어도 레일이 없으면 달릴 수 가 없다.

어머니가 우리를 만든 뒤에 세상의 모든 자격증이 세워져야 제 구실을 하고 잘 조화된 세상을 만드는 것이다.

독서회 어머니모임은 이 바쁜 세상 어찌 돌아가는지도 모르지만 내 자신을 살필 줄 알면서 다른 주부들이 먹지 못하는 좋은 양약의 글을 먹고 좋은 재질이 되어 국가와 사회가 바라는 하늘이 주신 어머니의 자격증으로 자녀교육의 지름길이 되시길 바란다.

왜 그리 바쁩니까

"네 시작은 미약하나 네 나중은 창대하리라."

이 성경 구절은 나의 좌우명이다. 모든 사람들, 왜 그렇게 바쁘게 또 어디로 그렇게들 빨리빨리 가야 하는지……. 완행버스를 갈아 타고, 고속버스를 타고, 기차를 타고, 비행기를 타고, 좀더 빨리 빠르게 가는 방법을 찾아 모두들 그렇게 살고 있다.

하얀 백호(엽서 100장 크기) 캔버스 바닥을 매우려면 처음과 마지막이 같은 속도로 문질러야 바탕 색깔이 나오는 법이다. 급하다 하여 빠르게 바를수록 물감은 묻어나지 않고 미끄러지고 만다. 바르고 마르고 또 칠하기를 여러 수십, 수백 번의 붓자국이 지나가야 하나의 작품이 나오는 법이다. 굳지 않고, 마르지 않는 토대 위에 집을 짓는다고 생각해보자. 이곳 저곳에서 와르르 하고 무너지는 소리가 날 것이다.

빨간 벽돌 하나하나가 긴 세월동안 쌓여 유명한 유럽의 코틱 건물이 되고, 약하고 미약한 것(물, 모래, 시멘트 가루)이 합쳐 서서히 굳어지면 금문교가, 한강교가 세워지는 역사가 이루어진다. 하루 아침에 뭔가를 이루고 싶은 우리들, 이제는 산 위에 올라 먼 곳까지 볼 수 있는 안목을 키워 조금은 느릿하게 느긋한 멋을 만끽하면서 사는 것이 진정 값있는 보물을 찾아낸 자가 아닐까?

책을 읽고 글을 쓰는 독서회 젊은 여성들을 바라보면서 나는 늘 느낀다. 젊음과 아름다움과 멋을 만끽할 수 있는 마음의 양식을 쌓으며 자신을 바라볼 줄 아는 여성들의 모임이라고…….

여자는 약하지만 어머니는 위대한 스승이라 했다. 우리 자녀들이 좋은 스승을 만나 이 사회 구석구석에 큰 지주를 세워 무너지지 않는 든든한 이 사회가 되기를 바랄 뿐이다.

허미자

하늘
무조건 사랑
고마움

하늘

하루에 한번쯤 하늘을 올려다보면 거기엔 무한한 가능성이 엿보이는 것 같다. 구름이 여러 가지의 형태를 만들었다가 허물고, 그 구름 사이로 빛이라도 내리는 날이면 거대한 우주를 만들어가는 천지창조의 빛이라도 되는 것처럼 경건한 자세가 되곤 한다.

어린 시절 그 빛을 하나님의 은총으로 생각하고, 빛따라 걷던 일, 친구들이 싫어하는 빛이 들어오는 창가의 책상에 즐거이 앉던 일, 몸과 마음이 많이 주름이 간 지금도 그 빛은 나에게 언제나 하나님의 은총으로 생각된다.

하루에 한번쯤 고개를 들어 문득 하늘을 올려다 보면 넓은 포용력으로 마음을 진정시켜 주고, 눈을 밝게 해준다. 또 거기엔 아름다운 꿈들이 가득 가득 들어있어 그렇게 좋을 수가 없다.

요즘은 비행기, 헬리콥터 소리에나 하늘을 올려다 볼 뿐이다. 그나마 다행인 것은 아침 맨손체조시간에 하늘을 올려다 볼 수 있다는 것. 참으로 기분이 상쾌해진다.

적어도 하루에 한번쯤 높은 하늘과 다양한 구름 모습들을 올려다 보면, 거기엔 삶의 즐거움들이 새록새록 나올 것 같다.

무조건 사랑

아가페(agape) : 무조건적 사랑,

에로스(aros) : 조건적 사랑.

나는 요즘 이 두 낱말들을 자주 머릿속에 떠올려본다. 특히 내 병아리들을 키우면서 정신은 20대, 육체는 60대, 이런 언밸런스 속에서 나는 간혹 혼란에 빠져들곤 한다. 행복한가 싶으면 어느덧 감정은 비하되어 있다.

병아리들을 보고 있노라면 무조건적인 사랑들이 마구 샘솟는다. 능금을 한 입 베어 물었을 때의 달콤새콤한 그 맛 그대로 가슴에 저려온다. 이것이 부모가 자식에게 주는 내리사랑 아가페인가보다. 또 나의 남편도 사랑스럽고 안 보면 보고 싶은 것들이 무조건 사랑이 아니겠는가.

이웃간의 삶도 이런 아가페적인 마음 열린 마음으로 생활한다면 인생이 보다 더 즐겁지 않을까? "남의 흉은 가슴에 안고 있어 잘 보이고, 내 흉은 등에 짊어지고 있어 잘 보이지 않는다."는 말이 있다.

남의 말들하지 말고 아가페적인 마음으로 덮어주자. 그 사람들은 그 사람식의 방식이 있고, 생활이 있거늘 왜 내식대로, 내 편한대로 그 사람들을 옭아매려고 하면 안될 것이다.

종교도 마찬가지로 부처님의 자비나 예수 그리스도의 사랑이나 모두 같은 위치가 아닐까. 그러니까 자기 종교뿐만 아니라 타 종교도 포용할 줄 아는 진정한 아가페적인 지혜가 필요하지 않을까 싶다.

각자의 위치에서 최선을 다한 자만이 승리의 미소를 머금게 우리 모두 열린 마음으로 승리의 미소를 만들어보자.

고마움

그대를 마주 보면서 말을 이을 자신이 없어 이렇게 몇 자 적어 봅니다. 김소월님의 〈말 없이 고이 보내 드리리〉처럼 되지 않는군요. 내가 사회성이 부족하고 인간 관계에 많이 부대끼지 않아서인지 몰라도 왜 이리도 가슴이 저려올까요. 가슴앓이하기 싫어 애써 미소로 돌아섰지만 흐르는 눈물을 주체할 수 없었지요.

고령주부독서회라는 모임에 나가 당신을 알게 되어서 참으로 즐거웠어요. 나란 사람은 특별히 드러나지도 않았고 누군가에게 도움이 되지도 못했기에 그저 그렇게 그 자리에 있었는데, 그런 내가 당신이 이사간다고 그랬을 때 당신이 내게 차지하는 자리가 상당하다는 생각이 들었어요.

당신과 언제든지 함께 손을 맞잡고 시원한 저녁 공기를 마시며 거닐고 싶었어요. 보이지 않는 공기처럼 잔잔히 나에게 스며 들어오고 장날이면 더 생동감 넘치게 살아가는 당신의 모습이 아름다웠습니다. 당신과 함께 꽃향기를 맡으면서 여유로움을 한껏 즐기며 살고 싶었습니다. 내 가까이에 있으면서 나를 위로해주고 예뻐해 주고 힘을 불어 넣어줄 것이라 여겼었는데…….

갑자기 시야가 흐려지네요. 글이란 것이 참 신기하군요. 그 사람을 보지 않고도 모습이 떠오르기도 하고, 나의 이런 모습을 보여주지 않아도 되고 글로써 내 마음을 전해 주기도 하니까요. 그래서 우리는 늘 항상 책과 함께 살아요. 당신으로 하여금 내 삶의 고마움을 재점검해 봐야겠어요.

서울에 있는 큰딸에게도 칭찬이 인색했었는데 엄마의 딸이 되어 주어서 진정으로 고맙다고 얘기하고 싶어요. 내 일을 완벽하게 다 한 뒤에 시작하려했던 봉사도 조금씩 시작해야 겠어요. 나의 작은 보탬이 여러분의 입가에 작은 미소 하나 만들 수 있다면 그것이 고마운 일 아니겠어요.

당신의 빈 자리는 크고 당신이 머문 자리는 아름다웠습니다. 눈을 뜨고 일어나는 내일이면 나의 일상에 바빠 당신을 잊을 지도 몰라요. 그렇지만 내 가슴 한 켠에 임이 차지하고 있으니 걱정하지 말아요.

우리 항상 아름답고 고운 심성으로 씩씩하게 살아가요. 그 곳에서도 나로 하여금 그 주위가 화—안해졌으면 좋겠어요. 당신의 기분도 상승하시길……. 보고 싶을 거예요.

화전과 매화차

초판 인쇄 2008년 9월 25일
초판 발행 2008년 9월 30일
지은이 김문숙 외
펴낸이 박진환
펴낸 곳 만인사
등록번호 1996년 4월 20일 제03-01-306호
주소 (우)700-813 대구광역시 중구 대봉2동 743-7
전화 (053)422-0550
팩스 (053)426-9543
홈페이지 www.maninsa.co.kr

가격 10,000원

ISBN 978-89-88915-92-9 03810